P9-DHO-769

Level 4

¡Avancemos!

Cuaderno

HOLT McDOUGAL
a division of Houghton Mifflin Harcourt

Copyright © Holt McDougal, a division of Houghton Mifflin Harcourt Publishing Company.
All rights reserved.

Warning: No part of this publication may be reproduced or transmitted in any form or by any
means, electronic or mechanical, including photocopy, and recording, or by any information
storage or retrieval system without the prior written permission of Holt McDougal unless such
copying is expressly permitted by federal copyright law. Requests for permission to make
copies of any part of the work should be mailed to the following address: Permissions
Department, Holt McDougal, 10801 N. MoPac Expressway, Building 3, Austin, Texas 78759.

HOLT MCDOUGAL is a trademark of Houghton Mifflin Harcourt Publishing Company.

Printed in the United States of America

If you have received these materials as examination copies free of charge, Holt McDougal
retains title to the materials and they may not be resold. Resale of examination copies is
strictly prohibited.

Possession of this publication in print format does not entitle users to convert this
publication, or any portion of it, into electronic format.

ISBN-13: 978-0-547-25543-9
ISBN-10: 0-547-25543-8

 13 14 15 0982 15
4500536260

Table of Contents

Original content Copyright © Holt McDougal. All rights reserved. Additions and changes to the original content are the responsibility of the instructor.

Unidad 5

Lección 1

Lección 2

Unidad 6

Lección 1

Lección 2

Original content Copyright © Holt McDougal. All rights reserved. Additions and changes to the original content are the responsibility of the instructor.

Vocabulario

> **¡Avanza!** **Goal:** Talk about work in an office.

1 Empareja las definiciones con las palabras apropiadas.

_____ 1. algo que se llena para pedir trabajo

_____ 2. se usa esto para enviar documentos por teléfono

_____ 3. la persona que quiere un puesto

_____ 4. esto muestra la experiencia que uno tiene

_____ 5. el seguro de salud y el seguro de vida son algunos ejemplos de esto

a. los beneficios
b. la solicitud
c. el aspirante
d. el fax
e. la hoja de vida

2 Completa el párrafo con las palabras apropiadas del recuadro.

el puesto	beneficios	la oficina de personal
becario	el jefe	solicitar

Hola, Alberto. Acabo de (1) _____ un trabajo y estoy

muy emocionado. La empresa tiene muy buenos (2) _____

y el sueldo no está mal. Espero que mi experiencia del año pasado cuando trabajé

de (3) _____ me ayude ahora. Mi amiga Lucía ya trabaja en

la misma empresa y me dice que (4) _____ es un hombre

muy simpático. Ojalá que (5) _____ me llame esta semana

para ofrecerme (6) _____ .

3 Contesta las siguientes preguntas con oraciones completas.

1. Imagínate que solicitas un puesto en una oficina. ¿Qué trabajo te gustaría solicitar y por qué lo solicitarías?

_____

_____

2. ¿Qué puesto sería más difícil, trabajar de agente de relaciones públicas o de personal de mantenimiento? ¿Por qué?

_____

_____

Original content Copyright © Holt McDougal. All rights reserved. Additions and changes to the original content are the responsibility of the instructor.

Gramática

Los verbos **ser** y **estar**

> **¡Avanza!** **Goal:** Review the verbs **ser** and **estar**.

1 Completa cada oración con la mejor opción.

_____ 1. Yo...

_____ 2. La reunión...

_____ 3. Tú...

_____ 4. Carlota y Lilí...

_____ 5. Nosotros...

_____ 6. Sus antecedentes académicos...

_____ 7. Esta hoja de vida...

> a. son las más listas del departamento.
> b. fue en el salón grande.
> c. estamos en México por un mes.
> d. estuviste muy aburrida.
> e. soy de Guatemala.
> f. son los mejores que he visto.
> g. es de la aspirante que viene mañana.

2 Escoge la forma correcta de **ser** o **estar** para completar las oraciones.

1. ¿Qué te pasa? ¿(Estás / Eres) enfermo? No te ves muy bien.

2. Mi primer trabajo (estuvo / fue) en una tienda pequeña.

3. Mira, los aspirantes (están / son) llegando en este momento.

4. Debemos (estar / ser) dispuestos a ayudar a nuestros colegas.

5. No todos en la oficina (están / son) contentos con los beneficios que tienen.

6. Mi cuñado trabaja en San Juan. Su oficina (está / es) en el centro de la ciudad.

3 Completa las oraciones con el verbo apropiado del recuadro.

está	estuve	fueron	era	estás

1. Anoche no dormí bien; por eso _____ medio dormido todo el día.

2. Ay, ¡qué guapa _____ hoy! Te cortaste el pelo, ¿verdad?

3. La casa de mis padres _____ de un color muy llamativo. No había otra parecida en el barrio.

4. Lola _____ muy bien preparada para la entrevista. Tienen que ofrecerle el puesto.

5. Los jefes de mi antiguo trabajo _____ injustos con todos los empleados.

Original content Copyright © Holt McDougal. All rights reserved. Additions and changes to the original content are the responsibility of the instructor.

GRAMÁTICA UNIDAD **1** LECCIÓN **1**

4 Completa las oraciones con la forma correcta de **ser** o **estar**.

1. —Buenos días, señor Álvarez. Yo _____ Mariana Beltrán.

2. —Mucho gusto. _____ encantado de conocerla.

3. —Tengo entendido que usted _____ encargado del nuevo proyecto.

4. —Sí, eso _____ cierto. La primera reunión _____ mañana.

5. —Si no le molesta, me encantaría ir a la reunión. Me ayudaría mucho ver cómo usted _____ organizando los equipos de trabajo.

6. —Claro. No se preocupe. La reunión _____ en el salón Bravo.

5 Escribe oraciones con estas palabras y la forma correcta de **ser** o **estar**.

1. la reunión con el presidente/ Hotel Renacimiento

_____

_____

2. la reunión / las ocho de la mañana

_____

_____

3. el presidente / saber que los empleados / frustrados con...

_____

_____

4. el nuevo producto / disponible después...

_____

_____

6 Contesta las siguientes preguntas con oraciones completas.

1. ¿Has tenido una entrevista alguna vez? ¿Cómo te fue?

_____

_____

2. ¿A qué hora fue la entrevista?

_____

_____

3. ¿Estabas nervioso(a) durante la entrevista? Explica por qué.

_____

_____

Original content Copyright © Holt McDougal. All rights reserved. Additions and changes to the original content are the responsibility lef the instructor.

Integración: Hablar

Imagina que eres un consejero de estudios en una escuela secundaria. Rafael Amaya es un estudiante que se graduará en siete meses. Él busca trabajo para ayudar a sus padres a pagar sus estudios universitarios y por eso fue a tu oficina a verte, pero no estabas. Lee los anuncios y escucha el mensaje de Rafael. Luego dale consejos.

Fuente 1 Leer

Lee los anuncios clasificados sobre ofertas de trabajo.

Clasificados

Se solicitan carpinteros para trabajar en el teatro escolar. Se les da almuerzo escolar y entradas al teatro gratis. Interesados llamar al 888-555-2134.

Oficina moderna busca secretario que hable inglés y sepa manejar las computadoras para trabajo a medio tiempo con horario a partir de las 3:00 a.m., $12.00 la hora. Horas extras los sábados. Debe tener tres referencias.

Se busca estudiante para trabajar como programador a tiempo completo de 7:30 a.m. a 5:00 p.m en una empresa privada. Sólo personas serias deben solicitar. Contáctenos: ntro.programador@empresaslucas.hm.com

Se busca joven a quien le guste trabajar con animales como voluntario en una clínica veterinaria. El trabajo es de 10:00 a.m. a 4:00 a.m. Por favor llenar la solicitud de empleo como voluntario en www.amamosalosanimales.hm.org

Si quieres más información sobre estos trabajos y otros, haz una cita para hablar con el consejero.

Fuente 2 Escuchar WB CD 01 Track 01

Escucha el mensaje que Rafael dejó en tu máquina contestadora y toma apuntes.

_____

_____

_____

_____

Hablar

¿Qué le dices a Rafael? ¿Qué trabajo le recomiendas que solicite? ¿Por qué?

> **modelo**   Rafael, me alegro de que estés pensando en… Te recomiendo que… porque…

Original content Copyright © Holt McDougal. All rights reserved. Additions and changes to the original content are the responsibility of the instructor.

Integración: Escribir

Eres supervisor(a) en la empresa ArenaSol, S.A. Ayer comenzaron varios empleados nuevos. Uno de ellos, Raúl, te escribió un correo electrónico con preguntas. Lee su correo y escucha lo que te dijo tu jefe en una reunión. Luego respóndele a Raúl.

Fuente 1 Leer

Lee el correo electrónico que Raúl te envió.

Tema: Preguntas

Necesito un poco de ayuda. No entlendo muy bien cómo son las cosas aquí en esta oficina. Ayer llené la planilla del seguro de vida y se la envié en un correo electrónlco al señor Fuentes, el jefe de la oficina de personal, pero no me ha respondido todavia. Tengo preguntas también acerca del sistema de archivos electrónicos: ¿Con quién debería hablar? Otro problemita es que mi oficina está bastante sucia. Tengo que llamar al jefe de personal de limpieza, pero no sé quién es.

Está planeada para hoy una reunión sobre el plan de jubilación privada de la compañía y no sé dónde es. ¿A quién se lo debo preguntar? Como ve, ¡tengo muchas preguntas. Por favor, respóndame cuando pueda.

 Gracias,

Raúl

Fuente 2 Escuchar WB CD 01 Track 02

Escucha lo que dijo tu jefe hoy en una reunión de supervisores. Toma apuntes.

_____

_____

_____

Escribir

Escríbele un correo a Raúl. Responde a sus preguntas según lo que dijo el jefe en la reunión. Si hay algo que no sabes, dile que luego buscarás la respuesta.

    modelo   El seguro de vida... Yo sé por qué no te respondió… Tienes que….

_____

_____

_____

_____

_____

_____

_____

_____

Original content Copyright © Holt McDougal. All rights reserved. Additions and changes to the original content are the responsibility of the instructor.

Escuchar

WB CD 1 Tracks 03, 04

¡Avanza! **Goal:** Listen to people talk about applying for a job.

1 Malú habla con Carlos sobre un anuncio de trabajo que encontró en el periódico. Escucha el diálogo y luego escoge la opción correcta.

_____ 1. ¿Qué puesto ofrece el anuncio?

     a. analista de sistemas   b. becario   c. maestra de matemáticas

_____ 2. ¿Qué recuerdos tiene Carlos de Malú en la escuela?

     a. no tenía carpetas   b. tenía malas notas   c. no se atrasaba

_____ 3. Malú debe llamar a su antigua _____ para conseguir una referencia.

     a. maestra   b. empresa   c. jefa

_____ 4. Carlos le dice a Malú que tiene que llevar _____.

     a. su hoja de vida   b. la solicitud   c. su título

_____ 5. Carlos le explica a Malú que la entrevista de trabajo será _____.

     a. fácil   b. complicada   c. aburrida

2 Malú está en una entrevista de trabajo. Escucha el diálogo y luego contesta las preguntas.

1. ¿Cuál es la razón principal por la que Malú quiere ese puesto?

_____

2. ¿Qué es lo primero que el señor Sosa le pide a Malú?

_____

3. ¿Quién es la señora Ortiz? ¿Cuándo la llamará el señor Sosa?

_____

4. ¿Qué planes tiene Malú con el dinero que ganará en ese trabajo?

_____

5. Si Malú trabaja de becaria en esta compañía, ¿qué recibirá desde el primer día de trabajo?

_____

Original content Copyright © Holt McDougal. All rights reserved. Additions and changes to the original content are the responsibility of the instructor.

Leer

¡Avanza! **Goal:** Read about problems in the workplace.

Lee esta carta al ministro de gobierno sobre los problemas económicos de su región.

Estimado Ministro Fernós:

Quiero informarle lo que recién pasó en mi pueblo, Villapreciosa. Como ya sabe, la empresa CompuZona, S.A. tiene aquí una fábrica que es la más grande de toda la región y que emplea a más de doscientas personas. Además, como ministro, usted ya sabrá que la situación económica es muy grave. Ahora bien, está muy claro que todos tenemos que trabajar juntos para resolver la crisis pero lo que ha pasado en CompuZona es una injusticia tremenda. ¡Unas treinta personas de dos departamentos fueron despedidas! Ahora, me pregunto, ¿quiénes van a mantener el equipo y a limpiarlo todo? ¿A quiénes les van a dar nuestros puestos? Y a los empleados de otros departamentos que se quedan les quitaron los beneficios. Espero que usted pueda hacer algo para ayudarnos. Tal vez pueda convencer a los gerentes de CompuZona de que cometieron una injusticia aquí en Villapreciosa.

Atentamente, José Luis Morales

¿Comprendiste?

Lee la carta y contesta las preguntas con oraciones completas.

1. ¿De qué empresa habla el señor Morales?

   _____

2. ¿Cuántas personas perdieron sus puestos?

   _____

3. ¿El personal de cuántos departamentos ha sido despedido?

   _____

4. ¿Qué otros cambios hizo la empresa para ahorrar dinero?

   _____

¿Qué piensas?

1. ¿Crees que el ministro puede hacer algo para ayudar a la gente del pueblo?

   _____

2. ¿Qué harías tú si fueras el señor Morales? ¿Y si fueras el ministro?

Original content Copyright © Holt McDougal. All rights reserved. Additions and changes to the original content are the responsibility of the instructor.

Escribir

> ¡Avanza! **Goal:** Write about looking for work in an office.

Step 1

Haz una lista de lo que se debe hacer y lo que no se debe hacer para obtener un puesto en una oficina.

Antes de la entrevista	Durante la entrevista
1.	1.
2.	2.
3.	3.
4.	4.

Step 2

Escribe un párrafo de por lo menos cinco oraciones sobre cómo tener éxito en la búsqueda de trabajo.

_____

_____

_____

_____

_____

_____

_____

Step 3

Evaluate your writing using the information in the table.

Writing Criteria	Excellent	Good	Needs Work
Content	Your paragraph includes many details and relevant vocabulary.	Your paragraph includes some details and relevant vocabulary.	Your paragraph includes few details and relevant vocabulary.
Communication	Most of your paragraph is organized and easy to follow.	Parts of your paragraph are organized and easy to follow.	Your paragraph is disorganized and hard to follow.
Accuracy	Your paragraph has few mistakes in grammar and vocabulary.	Your paragraph has some mistakes in grammar and vocabulary.	Your paragraph has many mistakes in grammar and vocabulary.

Original content Copyright © Holt McDougal. All rights reserved. Additions and changes to the original content are the responsibility of the instructor.

Vocabulario

> ¡Avanza! **Goal:** Talk about workplace communications.

1 Completa la carta con las palabras o frases apropiadas.

estimada	cálculo	procesador	presentación	llegar tarde
código	servidor	atentamente	horario	cortés

(1) _____ señorita Vargas,

Quiero informarle sobre las tareas que le van a tocar como becaria en esta

oficina: Primero, usted hará las cuentas de lo que gastamos en papel para la

impresora; para esto se usa una hoja de (2) _____. Usted me

ayudará a organizar los archivos en el (3) _____ y va a

teclear las cartas y memorándums del jefe, con el (4) _____

de textos. También me ayudará a preparar un informe para la reunión semanal

usando un programa de (5) _____. Otra de sus tareas es

contestar el teléfono; no importa si no conoce bien la empresa, basta con ser

(6) _____ y eficiente. Ya sé que usted tiene un

(7) _____ flexible, desde las 9.30 hasta las 5:30. No hay

problema, ¡pero recuerde que no debe (8) _____! Por

último, no se olvide del (9) _____ de vestimenta, así que no

lleve zapatos deportivos ni camisetas. ¡Nos vemos el lunes!

Muy (9) _____,

David Menéndez, Supervisor

2 Usa el vocabulario para darle consejos al nuevo becario. Contesta sus preguntas.

1. ¿Cómo hacemos para hablar por teléfono con más de una persona a la vez?

_____

2. Mi hermana se casa el jueves ¡pero a mí me toca trabajar! ¿Qué hago?

_____

3. El jefe quiere que yo haga algunos diagramas, pero soy terrible para el dibujo.

_____

4. No he terminado con este proyecto, ¡y mañana es la fecha límite!

_____

Original content Copyright © Holt McDougal. All rights reserved. Additions and changes to the original content are the responsibility of the instructor.

Gramática

UNIDAD **1** LECCIÓN **2**

Los pronombres reflexivos

> **¡Avanza!** **Goal:** Use reflexive pronouns.

1 Completa las oraciones con los pronombres adecuados. Si no hace falta ningún pronombre, pon X.

1. La supervisora _____ puso nerviosa por el estado del proyecto, pero no _____ enojó.

2. Raquel y María _____ hablan todo el día y trabajan poco. Yo _____ alegré cuando el jefe las regañó.

3. Mis colegas y yo _____ reunimos para ver la presentación, pero algunos _____ aburrieron después de un rato.

4. El jefe y yo casi no _____ hablamos. ¿Tú _____ llevas bien con él?

5. Mientras yo _____ estuve de vacaciones, mis compañeros _____ quedaron trabajando duro para terminar el proyecto.

6. Todos _____ asombraron de lo que dije, pero nadie _____ ofendió.

7. Todos los días yo _____ río de los chistes de mi colega Antonio. Como él _____ enfermó ayer, hoy ha sido un día aburrido.

2 Decide si las palabras subrayadas se refieren a **a)** una acción reflexiva, **b)** una acción recíproca, **c)** un pensamiento o emoción, o **d)** ninguno de los anteriores.

_____ 1. Para la entrevista <u>me puse</u> un traje gris con una corbata azul.

_____ 2. Amigo, <u>me alegro</u> del ascenso que te hayan dado. ¡Ya era hora!

_____ 3. Mis colegas y yo siempre <u>nos saludamos</u> en la calle.

_____ 4. ¡Ojalá que el cliente no <u>se haya ofendido</u> por lo que dije!

_____ 5. No <u>te asustes</u> del jefe, que no es tan fiero el león como lo pintan.

_____ 6. Angustias <u>se rio</u> cuando supo que me iban a despedir.

_____ 7. El supervisor <u>se enoja</u> si no se entrega un proyecto para la fecha límite.

_____ 8. Julieta y su novio <u>se despidieron</u> con un beso en el ascensor.

_____ 9. Víctor y Elba <u>me ayudaron</u> a usar el programa de presentación.

_____ 10. Te sugiero que <u>te peines</u> antes de asistir a la videoconferencia.

Original content Copyright © Holt McDougal. All rights reserved. Additions and changes to the original content are the responsibility of the instructor.

3 Completa las oraciones con la forma correcta del verbo apropiado.

1. Lo primero que hizo el señor Puig cuando _____

   (hacer / hacerse) cargo de la oficina fue _____ (despedir

   / despedirse) a Juan. Él era la fuente de los problemas en la oficina, porque

   desde que _____ (ir / irse) él, todos nosotros

   _____ (llevar / llevarse) perfectamente.

2. Ese mismo día, nuestra colega Merche, la esposa de Juan, decidió renunciar al

   trabajo. Nadie _____ (poner / ponerse) triste por Juan,

   pero sí por Merche. Yo sobre todo porque _____

   (quedar / quedarse) sin la amiga que me hacía reír a cada rato.

3. A Merche le hicimos una fiesta para _____

   (despedir / despedirse) de ella, lo que fue un asunto delicado porque ella está

   casada con Juan.

4. El ambiente de la oficina _____ (volver/volverse) menos

   tenso sin Juan, pero esperamos que Merche _____

   (volver/volverse) a trabajar con nosotros algún día.

4 Un amigo te pregunta qué hiciste para llegar a ser presidente de la empresa.
Escribe oraciones completas con la forma apropiada de los verbos dados.

1. ¿Qué ropa llevabas todos los días? (vestirse bien/ponerse...)

   _____

   _____

2. ¿No te ponías nervioso(a) cuando te tocaba hablar ante todos? (prepararse
   bien/no asustarse)

   _____

   _____

3. ¿Qué hacías para llevarte bien con todos los empleados? (hablar de manera
   cortés/no ofenderse)

   _____

   _____

4. ¿Qué hacías si te atrasabas en un proyecto? (quedarse trabajando horas
   extras/sentarse con los empleados para buscar una solución)

Original content Copyright © Holt McDougal. All rights reserved. Additions and changes to the original content are the responsibility of the instructor.

Gramática

UNIDAD **1** LECCIÓN **2**

Verbos más preposiciones

¡Avanza! **Goal:** Use verbs with prepositions.

1 Completa las oraciones con los pronombres adecuados.

1. Martín no se atrevió (a / de) pedirle una cita a Patricia.

2. ¿No se enteraron (de / en) la noticia? ¡Hoy no hay trabajo!

3. Pongámonos a pensar (de / en) cómo terminar este proyecto.

4. ¿Me puedes decir (de / en) qué consiste una buena hoja de vida?

5. Una vez que te acostumbras (a / con) la computadora, te la cambian por otra.

6. No te preocupes… yo me encargo (de / en) sacarles las copias.

7. Eloy no se daba cuenta (de / en) los errores en el documento.

8. No todos sueñan (con / de) hacerse gerentes de la empresa.

2 Completa las frases con la preposición correcta.

a	con	de	en

1. Acaban _____ despedir al nuevo empleado porque se negó

   _____ sacarle fotocopias a la supervisora.

2. Tampoco nos quiso ayudar ayer _____ archivar los documentos.

   Prefirió hablar por teléfono, navegar por Internet y soñar _____

   hacerse jefe.

3. Parece mentira, pero dicen que incluso se atrevió _____ pedirle un

   aumento a su supervisora después de sólo una semana de trabajo.

4. Realmente él no se dio cuenta _____ la impresión que causaba. La

   verdad es que nadie contaba _____ él para nada.

5. Tita, la secretaria, se encargó una vez _____ darle consejos acerca de

   su comportamiento. Ella trató _____ abrirle los ojos para que se diera

   cuenta _____ la situación, pero el muy tonto no quiso escuchar.

6. ¡Lo curioso es que él se alegró _____ ser despedido! Resulta que ayer

   mismo se enteró _____ otro trabajo que le interesaba más. Así que ya

   tenía otros planes…

Original content Copyright © Holt McDougal. All rights reserved. Additions and changes to the original content are the responsibility of the instructor.

GRAMÁTICA

3 Escribe oraciones con estas palabras y con las preposiciones adecuadas.

1. la jefa / acabar / decirnos / contar / nosotros / trabajar más eficientemente

_____

_____

2. mis abuelos / alegrarse / jubilarse / pronto / y / soñar / ver el mundo

_____

_____

3. yo / estar pensando / cómo / atreverse / pedir un ascenso / jefe

_____

_____

4. Juan / tratar / enterarse / antecedentes académicos / aspirante

_____

_____

5. Anita y yo / encargarse / traer comida / fiesta de despedida / pero / negarse / limpiar después

_____

_____

_____

6. ¿ / acordarse / Ud. / decirle al becario / ayudarnos / hacer el proyecto / ?

_____

_____

4 Contesta las siguientes preguntas con oraciones completas.

1. ¿Con quién puedes contar para que te dé consejos?

_____

2. ¿Qué quieres hacer cuando te gradúes del colegio?

_____

3. ¿Te fijas mucho en lo que pasa en las noticias? Explica.

_____

4. ¿De qué te has dado cuenta últimamente?

_____

_____

Original content Copyright © Holt McDougal. All rights reserved. Additions and changes to the original content are the responsibility of the instructor.

Escuchar

WB CD 1 Tracks 07, 08

¡Avanza! **Goal:** Listen to what people talk about on the first day of work.

1 Es el primer día de trabajo de Malú. Escucha el diálogo que tiene con la señora Campos. Luego lee las siguientes oraciones y completa los espacios en blanco.

1. El puesto de la señora Campos es _____.

2. En esta conversación hablan principalmente _____.

3. Las personas que se reúnen los lunes en la sala de conferencias son

_____.

4. Si Malú cree que va a llegar tarde, debe _____.

2 Malú dejó un mensaje en la contestadora automática de su amigo Carlos. Escucha el mensaje y luego contesta las preguntas con oraciones completas.

1. ¿Para qué llamó Malú a Carlos?

_____

2. ¿Qué opinión tiene Malú de su supervisora?

_____

_____

3. ¿Qué tipo de ropa debe usar Malú para trabajar?

_____

4. ¿Con quién va a comer Malú mañana? ¿Quién es esa persona?

_____

_____

5. ¿Por qué habla Malú de la hoja de vida de Carlos?

_____

_____

Original content Copyright © Holt McDougal. All rights reserved. Additions and changes to the original content are the responsibility of the instructor.

Leer

| ¡Avanza! | **Goal:** Read about communications and employment in an office. |

Lee esta carta electrónica de una supervisora de personal a su jefe en otra ciudad.

Señor López Palacios:

Aquí le envío el informe que me pidió acerca de la oficina de Monterrey. Primero, nos alegramos mucho de las mejoras que usted aprobó para nuestra oficina. Ya se habrá fijado en lo eficientes que son nuestras conferencias telefónicas con el nuevo sistema de telefonía. Otro ejemplo: la nueva base de datos para los contratos nos ha ayudado mucho a estar más organizados y ya no nos atrasamos con los contratos como antes. De los empleados, Ana María García Camacho, una analista de sistemas del departamento de finanzas, se jubiló. No sé si se acuerda de ella; una excelente empleada. Hoy mismo entrevisté a dos aspirantes para ocupar su puesto, uno de ellos muy cortés y con buenos antecedentes. Éste me preguntó acerca del seguro de vida que ofrecemos; se lo expliqué, pero no le pareció suficiente, así que no creo que le interese el puesto. ¿Está usted pensando en mejorar el seguro de vida para los empleados? Por cierto, al otro aspirante sí le gustó el límite de diez horas extras por semana. Y hablando de horarios, ¿usted piensa permitir un horario flexible para el año que viene? Hace tiempo que los empleados me lo piden.

Atentamente, Elena Palafox Martínez

¿Comprendiste?

Lee la carta de Elena. Luego decide si las oraciones son **ciertas** o **falsas.**

_____ 1. Los empleados se asustaron con los cambios que se han hecho.

_____ 2. Siguen teniendo varios problemas con las conferencias telefónicas.

_____ 3. Elena se alegra porque ya no se atrasan con los contratos.

_____ 4. Elena tuvo que despedir a una analista de sistemas.

_____ 5. Uno de los aspirantes no quiere el puesto porque no le gusta el seguro de vida que ofrecen.

_____ 6. Los empleados no quieren un horario flexible para el próximo año.

¿Qué piensas?

¿Crees que el señor López Palacios es un buen jefe? ¿Por qué?

_____

_____

_____

Original content Copyright © Holt McDougal. All rights reserved. Additions and changes to the original content are the responsibility of the instructor.

Escribir

UNIDAD **1** LECCIÓN **2**

¡Avanza! **Goal:** Write about communications in the workplace.

Step 1

Eres el jefe (la jefa) de una empresa. **Haz** una lista de tres problemas de comunicación que existen en la oficina donde trabajas. Luego haz una lista de soluciones lógicas.

Problemas	Soluciones
1.	1.
2.	2.
3.	3.

Step 2

Escribe un párrafo de por lo menos seis oraciones sobre cómo resolver los problemas de la comunicación para que el trabajo de la oficina sea más eficiente.

_____

_____

_____

_____

_____

_____

_____

_____

_____

_____

Step 3

Evaluate your writing using the information in the table.

Writing Criteria	Excellent	Good	Needs Work
Content	Your paragraph includes many details and relevant vocabulary.	Your paragraph includes some details and relevant vocabulary.	Your paragraph includes few details and relevant vocabulary.
Communication	Your paragraph is organized and easy to follow.	Much of your paragraph is organized and easy to follow.	Your paragraph is disorganized and hard to follow.
Accuracy	Your paragraph has few mistakes in grammar and vocabulary.	Your paragraph has some mistakes in grammar and vocabulary.	Your paragraph has many mistakes in grammar and vocabulary.

Original content Copyright © Holt McDougal. All rights reserved. Additions and changes to the original content are the responsibility of the instructor.

Cultura

> ¡Avanza! **Goal:** Review the cultural information contained in this unit.

1 En el trabajo Indica si las siguientes oraciones son **ciertas** or **falsas.**

_____ 1. En los países hispanos es común pedirle al aspirante que incluya información como la edad o el estado civil en una solicitud de trabajo.

_____ 2. Todavía se observa la costumbre de la siesta en las grandes empresas de Latinoamérica.

_____ 3. En Puerto Rico la mayoría de las compañías ofrece unos veinte días de vacaciones al año.

_____ 4. El espacio que se mantiene entre las personas que hablan tiende a ser menos en los países hispanos que en Estados Unidos.

2 Tres campos verdes de trabajo Completa las siguientes oraciones.

1. El _____ es parecido al ecoturismo.

2. Un símbolo tradicional de España es el _____ .

3. Las cooperativas de _____ en Guatemala intentan proteger a las personas que practican el tejido tradicional.

4. Algunos de los mayores productores de energía _____ son Alemania, España y Estados Unidos.

3 Dos escritores Contesta las siguientes preguntas.

1. ¿A qué género pertenece *La señorita Julia?* _____

2. ¿Cuándo se hizo popular este género en la literatura hispana? _____

_____

3. ¿De dónde es el escritor Nicanor Parra? _____

4 Los dichos Menciona un dicho hispano que hable del trabajo. Luego compáralo con un dicho en inglés que tenga un significado parecido.

_____

_____

_____

_____

_____

_____

Original content Copyright © Holt McDougal. All rights reserved. Additions and changes to the original content are the responsibility of the instructor.

Actividades de video

UNIDAD **1**

¡Estamos de vacaciones!

Mientras ves el video

¿Quiénes, dónde, de qué? Mientras ves el video, toma apuntes usando las siguientes categorías.

Personajes: _____

Están en: _____

Hablan de: _____

Después de ver el video

¿Quién lo diría? Según las conversaciones del video, indica quién podría haber hecho las siguientes afirmaciones.

1. _____ No me preocupa nada el dinero ni el futuro.

2. _____ ¡Tengo tantas ganas de viajar a Brasil!

3. _____ Espero que todo te vaya bien hoy en la entrevista.

4. _____ No debería haber exagerado mis conocimientos en la solicitud.

5. _____ Uno tiene que estar preparado para todo en la vida.

6. _____ Pedirles dinero prestado a los familiares no es la mejor manera de conseguir lo que uno quiere.

¿Qué opinas tú? Piensa en las actitudes frente al trabajo, el seguro, el dinero y la importancia de la honestidad que tienen los protagonistas del video. Parece que los dos no ven el mundo de la misma manera. ¿Quién tiene razón según tu modo de ver? Explica tu respuesta y da tres ejemplos del video para apoyar tu opinión.

_____

_____

_____

_____

_____

_____

_____

_____

_____

_____

Original content Copyright © Holt McDougal. All rights reserved. Additions and changes to the original content are the responsibility of the instructor.

Vocabulario

¡Avanza! **Goal:** Talk about outdoor sports.

1 Empareja las definiciones con las palabras apropiadas.

a. el rugby
b. el arnés
c. la caña y la carnada
d. las coderas y rodilleras
e. el casco

_____ 1. las cosas que debes llevar para pescar

_____ 2. un juego de equipo parecido al fútbol americano

_____ 3. el cinturón especial usado en la escalada deportiva

_____ 4. el protector para la cabeza que se usa en ciertos deportes

_____ 5. los protectores para algunas partes del cuerpo

2 Completa el párrafo con las palabras apropiadas del recuadro.

golf	palos	bucear
esnórkel	rampas	pelotas

¡A gozar de tus vacaciones!

Si te gustan los deportes al aire libre ven a nuestro campamento. Tenemos

(1) _____ donde puedes andar en patineta. Y tenemos un

césped muy verde para jugar al (2) _____. Si no tienen (3)

_____ y (4) _____ para jugarlo, no

importa; tenemos muchos para alquilar. Estamos cerca de la playa, así que podrás

practicar el (5) _____ o (6) _____

cerca del fondo del mar.

3 Escoge la palabra que mejor complete las siguientes oraciones.

1. Siempre meto goles cuando juego al (water polo / esnórkel) en la piscina del colegio.

2. Por las tardes llevamos las pelotas y los (arneses / guantes) para jugar al béisbol.

3. A mi hermano y a mí nos gustan los deportes. Por eso leemos (la página deportiva / los clasificados) del periódico.

4. Si te gusta el agua y volar por el aire debes probar el (kitesurf / alpinismo).

5. Para ayudar a todos los músculos de tu cuerpo debes hacer (pesca deportiva / gimnasia).

Original content Copyright © Holt McDougal. All rights reserved. Additions and changes to the original content are the responsibility of the instructor.

Gramática

UNIDAD **2** LECCIÓN **1**

El **pretérito** y **el imperfecto**

¡Avanza! **Goal:** Review and expand on the uses of the preterite and imperfect.

1 Escoge la forma correcta del verbo para completar las oraciones.

_____ 1. Cuando vivíamos allá _____ casi todos los días.

     a. bucear   b. buceábamos   c. buceamos   d. bucearemos

_____ 2. Cuando _____ al estadio ya estaba lleno.

     a. llegábamos   b. llega   c. llegamos   d. llegar

_____ 3. Mi abuelo siempre _____ en el río cerca de su casa cuando era niño.

     a. pescaba   b. pescó   c. pescar   d. pesca

_____ 4. Anoche mi hermano _____ con su patineta en la rampa y nosotros le tomamos fotos.

     a. practica   b. practicó   c. practicar   d. practicamos

2 Escoge la forma correcta del verbo para completar las oraciones.

1. Anoche (ganamos / ganábamos) el partido de fútbol siete a cero.

2. Cuando era pequeña, Maribel (hizo / hacía) gimnasia en el colegio.

3. Las rodilleras y coderas ya (estaban / estuvieron) sucias antes de la competencia.

4. El árbitro no (fue / era) imparcial durante la competencia de ayer.

5. De niños, siempre (íbamos / fuimos) al velódromo con nuestras bicicletas.

6. Siempre que podía, Pili (volaba / voló) con su cometa de kitesurf.

3 Completa las oraciones usando los verbos del recuadro.

íbamos	usé	estuve	fuimos	usaban	estaba

1. Jugué al fútbol; por eso _____ mi casco, las coderas y las rodilleras.

2. No encontré el cuatriciclo porque _____ escondido.

3. Todos los veranos _____ a pescar con caña y carnada.

4. El año pasado mis padres y yo no _____ de vacaciones.

5. Los alpinistas siempre _____ arneses y cuerdas en las escaladas.

6. El año pasado _____ en la competencia de gimnasia y gané.

Original content Copyright © Holt McDougal. All rights reserved. Additions and changes to the original content are the responsibility of the instructor.

4 Completa las oraciones con la forma correcta del pretérito o del imperfecto.

1. De niño mi equipo favorito de béisbol _____ (ser) el Central.

2. El béisbol siempre _____ (ser) el deporte más importante del Caribe.

3. Ustedes ___ _____ (estar) encargados de la página deportiva cuando ganó nuestro equipo. ¿Por qué no escribieron un artículo?

4. La primera reunión _____ (ser) ayer por la mañana.

5. Ayer, mi tío me _____ _____ (ayudar) a cargar los palos de golf.

6. Hoy yo ___ _____ (cansarse) después de dos horas de práctica.

5 Escribe oraciones con estas palabras usando el pretérito o el imperfecto.

1. los deportes acuáticos / el buceo

_____

_____

2. el alpinismo / las cuerdas y los arneses

_____

_____

3. el béisbol / el bate, el guante y la pelota / el partido

_____

_____

4. la cometa / la lancha con motor

_____

_____

6 Escribe sobre una competencia en la que participaste o a la que asististe. ¿Qué hiciste? ¿Qué hacían las otras personas?

_____

_____

_____

_____

_____

_____

Original content Copyright © Holt McDougal. All rights reserved. Additions and changes to the original content are the responsibility of the instructor.

Gramática

Los verbos con cambios de significado en el pretérito

¡Avanza! **Goal:** Review and expand on differences between preterite and imperfect.

1 Completa las oraciones con el pretérito o el imperfecto de los verbos.

_____ 1. Mi hermano no _____ que le tocaba a él traer el bate y la pelota; por eso no los trajo.

    a. supo   b. sabía

_____ 2. Mi hermana _____ a la entrenadora de gimnasia hace tres días.

    a. conoció   b. conocía

_____ 3. Buscamos la pelota de golf en el césped pero no _____ encontrarla.

    a. pudimos   b. podíamos

_____ 4. Hace dos días, los nadadores no_____ entrenar porque la piscina estaba sucia. Sin embargo, nadaron media hora.

    a. querían   b. quisieron

_____ 5. Ayer _____ cuatro horas de práctica.

    a. teníamos   b. tuvimos

2 Escoge la oración donde el verbo se usa con el sentido expresado en inglés.

_____ 1. *(knew; was acquainted with)*

    a. Lisa conoció muy bien las reglas del entrenador.

    b. Lisa conocía muy bien las reglas del entrenador.

_____ 2. *(didn't want to; didn't feel like)*

    a. Los jugadores de rugby no querían hacer ejercicios aeróbicos.

    b. Los jugadores de rugby no quisieron hacer ejercicios aeróbicos.

_____ 3. *(knew; found out)*

    a. Ayer sabíamos los resultados de la competencia de ciclismo.

    b. Ayer supimos los resultados de la competencia de ciclismo.

Original content Copyright © Holt McDougal. All rights reserved. Additions and changes to the original content are the responsibility of the instructor.

3 Lee la nota que José le dejó a su amiga Irina después del verano. Completa las oraciones del párrafo con el pretérito o el imperfecto de los verbos entre paréntesis.

Hola, Irina. Como sabes, mi hermana y yo (1) _____

(pasar) el verano en el pueblo donde viven mis abuelos. Como mi hermana

(2) _____ (nadar) mucho en la piscina, yo

(3) _____ (poder) practicar el water polo. Mi amigo Pablo

también (4) _____ (estar) en el pueblo. Como él

(5) _____ (saber) jugar rugby y me enseñó, jugamos todas

las tardes. Los muchachos del pueblo me (6) _____ (querer)

enseñar a pescar y lo hicieron. El primer día, las muchachas y mi hermana

(7) _____ (hacer) gimnasia; después, todas

(8) _____ (aprender) a pescar. En las noches, a veces todos

(9) _____ (ir) al velódromo. Mi hermana y yo

(10) _____ (conocer) a muchas personas. Yo

(11) _____ (pensar) mucho en ti. Y por eso hoy

(12) _____ (tener) la buena idea de escribirte esta carta.

José

4 Contesta las preguntas y usa el pretérito o el imperfecto de los verbos en tus respuestas.

1. ¿Con qué te protegías para jugar al béisbol? ¿para montar en bicicleta?

_____

2. ¿Qué deporte podías o no podías practicar cuando eras niño? ¿Por qué?

_____

3. ¿Qué actividades hacías cuando eras pequeño que te ayudaban a relajarte?

_____

4. ¿Con qué deportes te cansabas?

_____

5. ¿Qué deportes acuáticos te gustaron más el año pasado?

_____

Original content Copyright © Holt McDougal. All rights reserved. Additions and changes to the original content are the responsibility of the instructor.

Integración: Hablar

Tus padres están planeando un viaje para el mes que viene y buscan sugerencias de lugares para toda la familia. Tú quieres ir al Caribe pero tus padres quieren saber más sobre lo que se puede hacer allí. Quieren hacer cosas activas y también cosas tranquilas.

Fuente 1 Leer

Tu amigo Lorenzo está de vacaciones en el Caribe. Lee el correo electrónico que te escribió.

De: Lorenzo
Tema: El primer día

Lo estoy pasando súper bien en este viaje. Déjame contarte todo lo que hicimos el primer día. Nos levantamos temprano para ir a nuestra clase de buceo. Al principio tenía miedo porque la idea de bajar al fondo del mar y seguir respirando parecía muy rara. Pero poco a poco fui acostumbrándome y después de media hora pude observar la vida marina. Fue muy interesante. El instructor dijo que podíamos ir a ver unos tiburones pero no quisimos. Teníamos mucho miedo. Mañana tenemos planes de alquilar una lancha con motor y hacer el surf a vela. Espero que tú estés bien. Te voy a llamar mañana para hablar más.

¡Adiós!

Lorenzo

Fuente 2 Escuchar WB CD 1 Track 9

Escucha el anuncio de radio de la agencia de viajes Mi Buen Viaje. Toma apuntes.

_____

_____

_____

_____

_____

Hablar

Ahora diles a tus padres por qué deben ir al Caribe. Da ejemplos de lo que hizo Lorenzo y también de lo que escuchaste en el anuncio.

modelo   ¿Por qué no vamos al Caribe? Mi amigo Lorenzo fue y dijo que...

Original content Copyright © Holt McDougal. All rights reserved. Additions and changes to the original content are the responsibility of the instructor.

Integración: Escribir

Tu amiga Casandra busca un entrenador porque ella y su hermana quieren ponerse en forma. Tú la quieres ayudar a encontrar uno.

Fuente 1 Leer

Lee este anuncio de un entrenador, que encontraste en un sitio web.

Entrenador atlético

Mucha experiencia, muchos deportes

Jorge de la Garza
Teléfono: (888) 555-0987   e-mail: alpinista@delagarza.hm.com
Tengo 30 años y ofrezco clases particulares para los deportes de aventura como el alpinismo, la escalada deportiva y los deportes acuáticos como el buceo, el surf a vela y el esquí acuático. Comencé mi propio entrenamiento cuando tenía diez años. Escalé montañas en Europa y en Sudamérica. Buceé en el Mediterránco y en el Caribe.
Los entrenamientos pueden estar dirigidos a principiantes o a los que tienen experiencia y buscan mejorar su forma. Los cursos de alpinismo y de escalada incluyen el equipo necesario como los arneses, los cascos y las cuerdas. Para los deportes acuáticos, el estudiante tiene que comprar o alquilar los esquíes, tubo de esnórkel u otros accesorios.

Fuente 2 Escuchar WB CD 1 Track 10

Escucha lo que dice Casandra mientras habla de lo que busca en un entrenador.

_____

_____

Escribir

Basándote en lo que has leído sobre el entrenador y en lo que busca Casandra, escríbele una recomendación. Explica qué hace Jorge y por qué crees que él sería o no un buen entrenador para ellas.

> **modelo**   Leí un anuncio de un entrenador, Jorge de la Garza. Me parece que...

_____

_____

_____

_____

_____

_____

_____

Original content Copyright © Holt McDougal. All rights reserved. Additions and changes to the original content are the responsibility of the instructor.

Escuchar

WB CD 1 Tracks 11, 12

¡Avanza! **Goal:** Listen to people talk about outdoor sports.

1 Sergio está leyendo la página deportiva del periódico local. Escucha lo que dice y luego empareja las frases de la primera columna con los deportes correspondientes de la segunda.

_____ 1. No consiguió entradas.

_____ 2. accidente deportivo

_____ 3. pedirá información

_____ 4. primeros en el campeonato nacional

_____ 5. equipo de la escuela

a. básquetbol
b. cuatriciclos
c. automovilismo
d. ciclismo
e. béisbol
f. rugby

2 Néstor y Eva van a practicar un deporte poco común. Escucha el diálogo y luego contesta las preguntas.

1. ¿Dónde están Néstor y Eva?

_____

2. ¿Con quiénes y cuándo van a ir a las montañas?

_____

3. ¿Qué deporte estaba haciendo Eva cuándo se mareó?

_____

4. ¿Hace cuánto tiempo que Néstor practica escalada deportiva?

_____

5. ¿Por qué decide Eva hacer la escalada?

_____

Original content Copyright © Holt McDougal. All rights reserved. Additions and changes to the original content are the responsibility of the instructor.

Leer

¡Avanza! **Goal:** Read and understand promotional materials about outdoor sports.

Lee el siguiente folleto sobre clases de surf a vela y kitesurf.

¿Alguna vez has soñado con volar? ¡Ya puedes cumplir tu sueño! Se anuncian clases de surf a vela y de kitesurf ofrecidas por Deportes Acuáticos Costasoleada. Es hora de aprovechar nuestras magníficas playas venezolanas y la experiencia de nuestros instructores bilingües. Óscar Álvarez lleva 10 años enseñando el surf a vela. Fue campeón de los Juegos Panamericanos en 1998 cuando sólo tenía 16 años de edad. Rafael Pasamontes, de 25 años de edad, es experto en el kitesurf. Actualmente es el campeón nacional y va a participar en los Juegos Panamericanos el verano que viene. Las clases empiezan el 12 de octubre a las 10:00 de la mañana y duran cinco días. Terminan cada día a las cuatro de la tarde, pero hay un descanso al mediodía con un almuerzo ligero. Para aprender lo básico, se recomienda un mínimo de 10 horas de instrucción y unas seis horas más de práctica. Aprenderás ejercicios para estirarte, y habrá presentaciones sobre las olas y corrientes de la región, la técnica y la seguridad. También están incluidas visitas a tres playas cercanas. La clase incluye el alquiler de las tablas y de las cometas. ¡Así que inscríbete ahora mismo!

¿Comprendiste?

Lee el folleto y contesta las preguntas con oraciones completas.

1. ¿En qué país se encuentra Deportes Acuáticos Costasoleada?

_____

2. ¿Quién fue a los Juegos Panamericanos? ¿A qué deporte se dedicó?

_____

3. Si tomas la clase, ¿habrás aprendido lo básico al terminarla?

_____

4. ¿Qué cosas se enseñan en la clase?

_____

¿Qué piensas?

1. ¿Tomarías clases de surf a vela o de kitesurf en un país extranjero?

_____

2. ¿Has tomado clases de kitesurf? ¿Dónde? ¿Aprendiste a hacerlo bien?

_____

_____

Original content Copyright © Holt McDougal. All rights reserved. Additions and changes to the original content are the responsibility of the instructor.

Escribir

¡Avanza! **Goal:** Write about learning to play a new sport.

Step 1

Haz una lista de los deportes que has tratado de aprender. También escribe algunos verbos que describan qué te pasó la primera vez que los intentaste.

Deportes que has practicado	Lo que te pasó la primera vez
1.	1.
2.	2.
3.	3.

Step 2

Escribe un párrafo de por lo menos cinco oraciones sobre la primera vez que trataste de aprender un deporte nuevo.

_____

_____

_____

_____

_____

_____

_____

Step 3

Evaluate your writing using the information in the table.

Writing Criteria	Excellent	Good	Needs Work
Content	Your paragraph includes many details and relevant vocabulary.	Your paragraph includes some details and relevant vocabulary.	Your paragraph includes few details and relevant vocabulary.
Communication	Most of your paragraph is organized and easy to follow.	Parts of your paragraph are organized and easy to follow.	Your paragraph is disorganized and hard to follow.
Accuracy	Your paragraph has few mistakes in grammar and vocabulary.	Your paragraph has some mistakes in grammar and vocabulary.	Your paragraph has many mistakes in grammar and vocabulary.

Original content Copyright © Holt McDougal. All rights reserved. Additions and changes to the original content are the responsibility of the instructor.

Vocabulario

¡Avanza! **Goal:** Talk about indoor sports and activities.

1 Empareja las definiciones con las palabras apropiadas.

a. las fichas
b. los patines
c. el pimpón
d. los dardos
e. los bolos

_____ 1. se intenta clavar éstos en el blanco

_____ 2. se pone éstos para jugar al hockey sobre hielo

_____ 3. hay que moverlas con inteligencia para ganar un partido de ajedrez

_____ 4. sin buena puntería no se puede tirar éstos

_____ 5. es un juego muy parecido al tenis que se juega en una mesa

2 Completa el párrafo con las palabras apropiadas del recuadro.

squash	bajo techo	raqueta
futbolín	goles	parchís

Tengo los mejores hermanos del mundo. Nos divertimos mucho practicando deportes y jugando a juegos de mesa como el (1) _____. No importa si hace mal tiempo afuera porque somos todos aficionados a los deportes (2) _____. Por ejemplo, el fin de semana pasado fuimos al gimnasio a jugar al (3) _____. Fue un poco difícil para mí porque no soy muy buena con una (4) _____ pero mi hermano mayor tiene mucha paciencia. Tengo mejor suerte cuando juego al (5) _____. Mis jugadores pequeños siempre meten muchos (6) _____ y la mayoría de las veces soy yo la que gana.

3 Contesta las siguientes preguntas con oraciones completas.

1. Menciona dos deportes o juegos y di lo que te gusta o no de cada uno.

_____

_____

2. ¿A qué prefieres jugar cuando no puedes estar al aire libre? ¿Por qué?

_____

_____

_____

Original content Copyright © Holt McDougal. All rights reserved. Additions and changes to the original content are the responsibility of the instructor.

Integración: Hablar

Tus compañeros buscan hacer algo después de clases.

Fuente 1 Leer

Lee el anuncio para un centro de recreo que hay en tu comunidad.

Tierra de Diversiones

Centro privado de recreo con una buena variedad de juegos bajo techo y otras diversiones.

- dardos
- bolos
- juegos virtuales
- pimpón

- videojuegos
- juegos de mesa
- billar
- futbolín

El centro está abierto de lunes a sábado desde las 06:00 hasta las 21:00.

Ideal para familias. Jardín juvenil para niños.

Muy cerca del colegio secundario.

Para hacerse socio(a) llame al 888-555-1111 o descargue la planilla, llénela y envíela a planilla@nuevosocio.hmh.com.

Fuente 2 Escuchar WB CD 1 Track 13

Claudia, tu compañera de clase, te recuerda todo lo que les gusta a sus compañeros de clase. Toma apuntes.

_____

_____

_____

Hablar

Responde a la idea de buscar un centro de recreo. Habla de Tierra de Diversiones. Indica qué ofrece y qué no ofrece para todos tus compañeros. Indica quiénes no estarán satisfechos y por qué.

modelo   Tierra de Diversiones puede ser ideal para nuestros amigos. Tiene...
Pero no tiene...

Original content Copyright © Holt McDougal. All rights reserved. Additions and changes to the original content are the responsibility of the instructor.

Integración: Escribir UNIDAD **2** LECCIÓN **2**

Eres escritor(a) para el periódico escolar. A ti te tocaba ir al torneo de ajedrez y escribir un informe sobre los resultados pero no pudiste ir. Tienes el programa del torneo y tu amiga Hortensia, quien pudo asistir, te llamó para darte los detalles.

Fuente 1 Leer

Lee el programa del torneo para saber quiénes participaron en el torneo.

Batalla de grandes mentes

Salón de Héroes

Fecha: sábado 11 de julio
Hora: 09:00 a.m.–12:00 p.m.

Primera partida

Participantes

Eulogio García, campeón del Colegio Tres Marías vuelve para defender su título como mejor jugador de su clase. Lleva tres años jugando en los torneos de nivel avanzado y cuatro años a niveles inferiores. Le da las gracias a su padre por todo el apoyo que le ha brindado y a su hermana mayor por regalarle su primer tablero de ajedrez a los ocho años.

Matilde Huerta, alumna del Colegio García Lorca, se presenta por primera vez en este torneo y es su primer partido a nivel profesional. No se siente nada nerviosa ante la destreza de García «Vine para ganar y estoy segura de que mis años de práctica me van a servir frente al campeón», dice.

Fuente 2 Escuchar WB CD 1 Track 14

Escucha lo que te dice Hortensia sobre lo que pasó en el torneo. Toma apuntes.

_____

_____

Escribir

Ahora escribe el informe para el periódico. Incluye todos los detalles relevantes, cómo, dónde y cuándo fue, quiénes participaron, cómo jugaron y quién ganó.

modelo El sábado pasado, en el Salón de Héroes, se celebró...

_____

_____

_____

_____

_____

_____

_____

Original content Copyright © Holt McDougal. All rights reserved. Additions and changes to the original content are the responsibility of the instructor.

Escuchar

WB CD 1 Tracks 15, 16

¡Avanza! **Goal:** Listen to people talk about indoor sports and activities.

1 Escucha el anuncio que pasan por televisión. Luego completa las siguientes oraciones.

1. El anuncio trata de _____.

2. El juego interactivo contiene _____ juegos.

3. Los juegos de mesa que contiene son _____.

4. ¿Qué se necesita para jugar a «Te desafío»? _____

5. ¿Cómo es el precio de «Te desafío» comparado con otros juegos interactivos?

_____

2 Pablo y Tita hablan sobre un lugar nuevo para ir a divertirse. Escucha el diálogo y luego contesta las preguntas.

1. ¿Cómo se enteró Pablo de la nueva sala de juegos?

_____

_____

2. Según Pablo, hay algo en la sala que es ideal. ¿Qué es?

_____

_____

3. ¿A qué deporte está jugando Beatriz últimamente?

_____

_____

4. ¿A qué piensan jugar en la fiesta de cumpleaños?

_____

_____

5. ¿Qué deberá pagar el equipo que pierda?

_____

_____

Original content Copyright © Holt McDougal. All rights reserved. Additions and changes to the original content are the responsibility of the instructor.

Leer

¡Avanza! **Goal:** Read about a darts tournament in Mexico City.

Lee este artículo sobre un torneo de dardos que tuvo lugar en el D.F.

Éxito para el equipo poblano

El jueves pasado el equipo de dardos los Apuntabién ganó el torneo nacional de México, el cual tuvo lugar en el Club Don Jaime, aquí en el D.F. Los Apuntabién son un equipo de Puebla, que nunca había jugado en un torneo nacional. Fue una gran sorpresa cuando le ganaron al equipo favorito, los Clavatones y pasaron a la semifinal. Más tarde, ganaron la semifinal contra el equipo oaxaqueño El Tiro al Blanco. En Puebla, recibieron noticias de los resultados por Internet y al oírlos, los poblanos salieron a la calle, gritando y aplaudiendo. Al día siguiente, llegaron al club muchos aficionados a los dardos; mucha más gente de la que se había esperado. Javi Ramírez, uno de los organizadores del torneo, comentó que normalmente hay muchos más jugadores que aficionados, pero que esta vez había tantos aficionados como jugadores. Los jugadores siguieron jugando aunque no había mucho espacio para tirar. Los Apuntabién triunfaron tanto en el Cricket como en el 50 I y ganaron las finales del torneo en cuarenta y cinco minutos, media hora menos del tiempo que necesitaron para ganar la partida semifinal. El equipo representará a México en el torneo internacional de dardos el mes que viene. Para la mayoría de los jugadores, será el primer viaje que hacen fuera del país.

¿Comprendiste?

Lee el artículo. Luego decide si las oraciones son **ciertas** o **falsas.**

_____ 1. El equipo ganador era del D.F.

_____ 2. Es normal que haya tantos aficionados como jugadores.

_____ 3. Los organizadores no esperaban la cantidad de aficionados que fueron a ver el torneo.

_____ 4. Ganaron la final en menos tiempo del que necesitaron para ganar la semifinal.

_____ 5. El equipo tiene mucha experiencia en torneos internacionales.

_____ 6. Los Apuntabién seguirán jugando en el campeonato internacional.

¿Qué piensas?

¿Crees que los Apuntabién ganarán el campeonato internacional? ¿Por qué?

_____

_____

_____

Original content Copyright © Holt McDougal. All rights reserved. Additions and changes to the original content are the responsibility of the instructor.

Escribir

¡Avanza! **Goal:** Write about games you like and dislike.

Step 1

Haz una lista de tres juegos que te gusta jugar. Piensa en las razones por las cuales te gustan. Luego haz una lista de tres juegos que no te interesan y di por qué.

Juegos que te gustan	Juegos que no te interesan
1.	1.
2.	2.
3.	3.

Step 2

Escribe un párrafo de por lo menos seis oraciones sobre un juego que te gusta y uno que no te gusta. Explica por qué te interesan o no y haz comparaciones entre los dos.

_____

_____

_____

_____

_____

_____

_____

_____

_____

_____

_____

Step 3

Evaluate your writing using the information in the table.

Writing Criteria	Excellent	Good	Needs Work
Content	Your paragraph includes many details and relevant vocabulary.	Your paragraph includes some details and relevant vocabulary.	Your paragraph includes few details and relevant vocabulary.
Communication	Your paragraph is organized and easy to follow.	Much of your paragraph is organized and easy to follow.	Your paragraph is disorganized and hard to follow.
Accuracy	Your paragraph has few mistakes in grammar and vocabulary.	Your paragraph has some mistakes in grammar and vocabulary.	Your paragraph has many mistakes in grammar and vocabulary.

Original content Copyright © Holt McDougal. All rights reserved. Additions and changes to the original content are the responsibility of the instructor.

Cultura

> ¡Avanza! **Goal:** Review the cultural information contained in this unit.

1 Los deportes Indica si las siguientes oraciones son **ciertas** o **falsas**.

_____ 1. En el Caribe el fútbol es más popular que el béisbol.

_____ 2. En el mundo hispano las escuelas y los colegios suelen tener equipos deportivos.

_____ 3. El dominó es muy popular entre los cubanoamericanos de Miami.

_____ 4. No es común ver beisbolistas del Caribe jugando para las ligas grandes de Estados Unidos.

2 Enciclopedia deportiva Completa las siguientes oraciones.

1. En Paraguay la _____ es el único deporte acuático que se practica.

2. En Panamá se disfrutan muchos deportes acuáticos debido a la _____ del país.

3. En Perú se practica el _____ tanto como los deportes acuáticos gracias a la proximidad de las montañas.

4. Julieta Granada es famosa por ganar mucho dinero jugando al _____.

3 Dos escritores Contesta las siguientes preguntas.

1. ¿A qué género pertenece «Los tres cuervos»? _____

2. ¿De qué defecto humano trata la historia de «Los tres cuervos»? _____
_____

3. ¿Qué tono tiene el poema «Idilio», de José Asunción Silva? ¿Es un tono típico de su obra? ¿Por qué? _____
_____

4 Los dichos Menciona un dicho hispano que tenga que ver con los deportes. Luego compáralo con un dicho en inglés que tenga un significado parecido.

_____
_____
_____
_____

Original content Copyright © Holt McDougal. All rights reserved. Additions and changes to the original content are the responsibility of the instructor.

Actividades de video

UNIDAD **2**

De vacaciones

Mientras ves el video

¿Qué señalan los gestos? Mientras ves el video, toma apuntes sobre los gestos que hacen los personajes y cómo se sienten.

Gestos: _____

Emociones: _____

Después de ver el video

¿En qué orden? Según las conversaciones del video, indica en qué orden pasaron los siguientes acontecimientos.

_____ Carlos e Isabel salieron para comprar los pasajes.

_____ Isabel encontró a Carlos en el jardín armando la tienda.

_____ Isabel le dijo a Carlos que sería mejor ir a la playa.

_____ Isabel le muestra su traje de baño nuevo a doña Eva.

_____ Carlos dijo que le pidió una tienda a su amigo Sergio.

¿Qué opinas tú? Carlos dice que quiere acampar porque sabe que a Isabel le gusta mucho. Isabel ya ha hecho planes para un viaje a Río, que no tiene nada que ver con las fogatas y las bolsas de dormir. ¿Crees que Isabel hizo lo correcto al planear el viaje? ¿Debe dejar que Carlos intente algo nuevo y vayan a acampar? Explica tu respuesta y da tres ejemplos del video para apoyar tu opinión.

_____

_____

_____

_____

_____

_____

_____

_____

_____

Original content Copyright © Holt McDougal. All rights reserved. Additions and changes to the original content are the responsibility of the instructor.

Vocabulario

¡Avanza! **Goal:** Talk about vacations.

1 Empareja las definiciones con las palabras apropiadas.

a.	el pasaje
b.	la caja de seguridad
c.	la catedral
d.	el folleto
e.	la embajada

_____ 1. un lugar donde puedes conseguir una visa

_____ 2. lo que compras para viajar por avión

_____ 3. un lugar donde puedes guardar cosas de valor

_____ 4. algo que te da información

_____ 5. un lugar religioso y a veces turístico

2 Completa el párrafo con las palabras apropiadas del recuadro.

reservar	hospedar	vista al mar
alojamiento	excursiones	pagar por adelantado

Salimos de vacaciones dentro de poco y todavía queda mucho por hacer.
Ayer busqué (1) _____ por Internet y tengo información
sobre tres hoteles donde nos podemos (2) _____. Me
encanta el Hotel Soleado porque todas las habitaciones tienen (3)
_____. Para (4) _____ dos habitaciones,
tenemos que (5) _____, lo que prefiero, porque así nos dan
un buen precio. Desgraciadamente, no he podido pensar en lo que vamos a hacer
una vez que estemos allí. Debemos hablar con alguien sobre (6)
_____ guiadas, pero no sé con quién. ¡Qué frustrante!

3 Contesta las siguientes preguntas con oraciones completas.

1. Cuando vas de vacaciones, ¿te ayuda planear el viaje? ¿Qué cosas te gusta hacer cuando viajas?

_____

_____

2. ¿Has viajado más por avión o en coche? ¿Qué ventajas y desventajas hay cuando se viaja por avión? ¿y cuando se viaja en coche?

_____

_____

Original content Copyright © Holt McDougal. All rights reserved. Additions and changes to the original content are the responsibility of the instructor.

Gramática

UNIDAD **3** LECCIÓN **1**

El participio pasado

> ¡Avanza! **Goal:** Review the forms and uses of the past participle.

1 Completa cada oración con la mejor opción.

_____ 1. Pili dejó los folletos en la habitación. ¡Qué...

_____ 2. Gracias a Internet, el vuelo ya...

_____ 3. Tienen dos habitaciones ya...

_____ 4. Tenemos suerte. ¡La embajada...

_____ 5. No creo que el transporte...

_____ 6. En la agencia tienen el itinerario ya...

a. esté incluido.
b. reservadas.
c. está abierta!
d. distraída está!
e. preparado.
f. está confirmado.

2 Escoge la forma correcta del participio para completar la conversación.

1. Hablé con el agente. Parece que todo está (arreglado / arreglada).

2. Muy bien. ¿Le preguntaste si los impuestos estaban (incluidos / incluidas)?

3. Él dijo que sí. Las habitaciones están (reservados / reservadas) y (pagados / pagadas).

4. ¿Y las excursiones (guiados / guiadas)? ¿Están (confirmados / confirmadas)?

5. También. Lo único que no podemos hacer es visitar el castillo. Está (cerrado / cerrada) debido a las inundaciones.

3 Completa las oraciones con el participio apropiado del recuadro.

planeado	abierto	reservada	organizada	incluido

1. Odio viajar. No soy una persona _____ y me cuesta prepararlo todo.

2. El último viaje que hice fue un desastre. Salí sin tener nada _____.

3. No pude conseguir la visa porque el consulado no estaba _____.

4. No me comuniqué con el agente de viajes así que no entendí que el pasaje no estaba _____ en el precio.

5. Llegué por fin al hotel, pero ¡qué sorpresa! No tenía ninguna habitación _____ bajo mi nombre. Se me había olvidado llamar antes.

Original content Copyright © Holt McDougal. All rights reserved. Additions and changes to the original content are the responsibility of the instructor.

4 Completa las oraciones con un participio derivado del verbo entre paréntesis.

Hola Lidia, te habla Roque. Creo que ya lo tengo todo (1) _____ (hacer).

Una vez (2) _____ (decidir) el alojamiento, lo demás fue más fácil de

arreglar. El vuelo está (3) _____ (confirmar) para mañana a las dos y

media. Una vez (4) _____ (llegar) al hotel, podemos comer porque van a

tener un almuerzo ya (5) _____ (preparar). Además habrá un itinerario

(6) _____ (escribir) de varias excursiones que podemos hacer. Estoy

muy (7) _____ (satisfacer) con todo. ¿Qué te parecen los preparativos?

5 Contesta las preguntas usando un participio derivado del verbo subrayado.

1. —¿<u>Hiciste</u> la reserva para visitar la catedral?

—Sí, _____

2. —¿<u>Pusiste</u> los folletos en las maletas?

No, todavía no los tengo _____

3. —¿<u>Pagaste</u> las habitaciones por adelantado?

—Sí, ya están _____

4. —¿<u>Confirmaste</u> el horario del museo?

No, no lo tengo _____

5. —¿<u>Guardaste</u> los regalos en la habitación?

No, _____

6. —¿Les <u>escribiste</u> la carta a los vecinos?

Sí, _____

6 Contesta las siguientes preguntas con oraciones completas.

1. Cuando viajas, ¿lo tienes todo organizado antes de salir? ¿Por qué sí o por qué no?

_____

_____

2. ¿Viajaste alguna vez con una visa, licencia o tarjeta de turista vencida? ¿Qué te pasó?

_____

_____

Original content Copyright © Holt McDougal. All rights reserved. Additions and changes to the original content are the responsibility of the instructor.

Gramática

El pretérito perfecto y el pluscuamperfecto

| ¡Avanza! | **Goal:** Learn the uses of the present perfect and past perfect tenses. |

1 Completa las oraciones con la opción apropiada.

_____ 1. De niña, yo siempre _____ viajar a Machu Picchu.

     a. ha querido   c. habías querido

     b. había querido   d. he querido

_____ 2. Yo _____ libros sobre los Incas, los cuales me fascinaban.

     a. ha leído   c. había leído

     b. habías leído   d. he leído

_____ 3. El guía nos dijo que los Incas _____ la ciudadela hace muchos siglos.

     a. habían construido   c. has construido

     b. han construido   d. había construido

_____ 4. Recientemente mis padres y yo _____ un viaje a Perú.

     a. había hecho   c. habíamos hecho

     b. hemos hecho   d. he hecho

_____ 5. Ahora puedo decir que yo _____ las ruinas ¡y todavía me fascinan!

     a. había visto   c. ha visto

     b. he visto   d. has visto

2 Completa el diálogo con la forma correcta del pretérito perfecto o del pluscuamperfecto según el caso.

Jimena   ¿Oíste algo de Delia?

  Inés   Sí, acaba de escribir que (1) _____ (hacer) una excursión

      por la ciudad. Parece que (2) _____ (recorrer) el centro.

Jimena   Me pregunto si (3) _____ (ver) El Castillo.

  Inés   Me dijo que lo (4) _____ (visitar) hace cuatro años.

Jimena   No me acordaba de que ya (5) _____ (estar) una vez allí.

      Pensé que ésta era la primera vez que (6) _____ (ir) al

      sur de España.

  Inés   ¿No te dijo ella que (7) _____ (quedarse) con sus abuelos

      allí varias veces cuando era más joven?

Jimena   Ay, chica, ¡no me (8) _____ (decir) nada! Ni modo. Ya

      (9) _____ (enterarse) de todo.

Original content Copyright © Holt McDougal. All rights reserved. Additions and changes to the original content are the responsibility of the instructor.

3 Contesta las preguntas explicando por qué según las pistas. Usa el pretérito perfecto o el pluscuamperfecto en tus respuestas.

1. —¿Viajaste en primera clase? (sí/yo pagar extra)

   — _____

2. —¿Te enteraste de la excursión a los monumentos? (sí/el guía llamarme)

   — _____

3. — ¿Encontraste una habitación sencilla en el centro? (sí/buscarla por Internet)

   — _____

4. —Ahora que has vuelto de San Juan, ¿conoces bien la ciudad? (sí/siempre querer ir)

   — _____
   _____

5. —¿Tienes todo listo para tu viaje a Brasil? (no/ no poder conseguir la visa)

   — _____

4 Contesta las preguntas. Usa el pretérito perfecto o el pluscuamperfecto según el caso.

1. ¿Habían viajado tus abuelos antes de graduarse del colegio?

   _____
   _____

2. De niño(a), ¿habías leído libros o habías visto programas sobre la geografía antes de empezar la primaria?

   _____
   _____

3. ¿Te has perdido alguna vez mientras explorabas un lugar desconocido?

   _____
   _____

4. ¿Has hecho una excursión por la región donde vives?

   _____
   _____

5. ¿A qué países has viajado?

   _____
   _____

Original content Copyright © Holt McDougal. All rights reserved. Additions and changes to the original content are the responsibility of the instructor.

Integración: Hablar

Es domingo y estás instalado(a) en el Hotel Flamboyán en Puerto Rico. Vas a pasar dos días en San Juan haciendo excursiones. Eres fanático(a) de los deportes, pero también te interesa la historia. Tienes una guía turística y una agente de viajes te dejó un mensaje con varias opciones. Lee una página de la guía y escucha el mensaje telefónico de la agente. Luego completa la actividad.

Fuente 1 Leer

Lee esta página de la guía turística que tienes.

Puerto Rico querido…

Si siempre ha sido amante del béisbol, ¡Puerto Rico es el paraíso! La estación de la **Liga del Caribe** es de octubre a marzo y en casi todas las ciudades hay un equipo local. Durante la estación hay partidos a partir de las 11:00 de la mañana a las 6:00 de la tarde de lunes a viernes. Las entradas cuestan menos de $10.00 Para más información, llame al 555-4310 o visite el Km 5.3 de la Carretera Trujillo Bajo.

Si está interesado(a) en la historia pre-colombina, visite el **Centro Ceremonial de Tibes**, uno de los principales sitios arqueológicos del área del Caribe. El sitio fue descubierto en 1975 después de que grandes lluvias habían caído y dejado visible una villa habitada por los taínos antes de la llegada de Colón. Para excursiones guiadas y visitas al museo, llame al 555-8450.
Horario: abierto de 9:00 de la mañana a 4:30 de la tarde, todos los días, menos los lunes y el día de la Navidad.
Entradas: adultos $5.00 y niños menores de doce años $2.00

Fuente 2 Escuchar WB CD 1 Track 17

Escucha el mensaje que te dejó la agente de viajes y toma apuntes.

_____

_____

_____

_____

Hablar

Imagina que llamas a tu amigo Martín para decirle lo que quieres hacer. ¿Crees que podrás hacerlo todo, o que tendrás que dejar de hacer algunas cosas? Explica.

    modelo   Martín, el lunes quiero ir a….

Original content Copyright © Holt McDougal. All rights reserved. Additions and changes to the original content are the responsibility of the instructor.

Integración: Escribir

Rogelio va a pasar sus vacaciones en la República Dominicana. Tú vives allí pero no conoces bien las atracciones turísticas. Lee su correo electrónico y escucha el mensaje de tu amiga Maribel desde la misma isla durante sus vacaciones. Luego haz la actividad.

Fuente 1 Leer

Lee el correo electrónico de Rogelio

¡Hola!

Por favor perdóname que no te haya escrito antes pero he estado muy ocupado con los preparativos para mi viaje. Me había olvidado de decirte qué me gusta hacer y no te había hablado de los lugares que me gustaría ver.

Primero es importante que sepas que me encanta el béisbol. Me gusta jugarlo y también ver los partidos aunque sea por televisión. Yo sé que en Santo Domingo este juego es muy popular. Me encanta la historia y desde muy joven he tenido mucho interés por los monumentos de la época colonial de América Latina. Me gustaría hacer una que otra excursión para conocer algunas de las iglesias.

No creo que sepas que mi familia y yo siempre hemos compartido un gran amor por el mar y por los deportes y las actividades en el agua. Ojalá podamos hacer algunas de estas cosas. Hasta pronto,

Rogelio

Fuente 2 Escuchar WB CD 1 Track 18

Escucha lo que dice Maribel sobre sus vacaciones y toma apuntes.

_____

_____

Escribir

Antes de ir a recoger a Rogelio al aeropuerto, escríbele un texto electrónico donde le comentas sobre lo que van a poder hacer en sus vacaciones.

modelo   Hola Rogelio. Como me habías dicho que te gustaba(n)...

_____

_____

_____

_____

_____

_____

Original content Copyright © Holt McDougal. All rights reserved. Additions and changes to the original content are the responsibility of the instructor.

Escuchar

WB CD 1 Tracks 19, 20

¡Avanza! **Goal:** Listen to people talk about vacations and traveling.

1 Escucha el anuncio de radio de una agencia de viajes. Luego lee el caso de cada persona e indica si le conviene (**sí**) o no (**no**) ir a esa agencia.

_____ 1. Marcelo quiere visitar la Estatua de la Libertad.

_____ 2. Laura no conoce las leyes para viajar a Argentina.

_____ 3. Pedro quiere hacer un crucero por el Caribe.

_____ 4. Los señores Muñoz nunca se quedan en hoteles de menos de cinco estrellas.

_____ 5. A Victoria no le gusta ir a las agencias de viajes.

2 La señora Molina acaba de llegar a un hotel y tiene una conversación con el empleado de la recepción. Escucha el diálogo y luego contesta las preguntas.

1. ¿Qué problema tiene la señora Molina?

_____

_____

2. ¿El empleado le ofrece una habitación por cuántos días?

_____

_____

3. ¿Con quién viajó la señora Molina?

_____

_____

4. ¿A quién piensa llamar el empleado y por qué?

_____

_____

5. ¿Con quién tendrá que compartir la casa la señora Molina?

_____

_____

Original content Copyright © Holt McDougal. All rights reserved. Additions and changes to the original content are the responsibility of the instructor.

Leer

> **¡Avanza!** **Goal:** Read about vacations and traveling.

Lee este anuncio.

Cinco razones por las cuales debes viajar con EcoViajeros

Nos hemos dedicado a viajar de una manera responsable. Nuestros viajes ofrecen el máximo nivel de lujo con un mínimo de daño al medio ambiente.

1. EcoViajeros es una compañía privada fundada por la familia Suárez en 1995. Llevamos más de 10 años haciendo ecoturismo.

2. EcoViajeros es la primera compañía en ofrecer excursiones que no dejan huella de carbono, sobre todo en zonas protegidas por el gobierno.

3. EcoViajeros ha cooperado con ProteMundo para crear la Fundación de la Biodiversidad Marina, la cual trabaja para educar a las comunidades donde viajamos a proteger sus recursos naturales.

4. EcoViajeros ha experimentado con formas alternativas de energía. Nuestros cruceros cuentan con células solares y turbinas que nos permiten bajar las emisiones y conservar petróleo mientras viajamos. ¡Las piscinas están calentadas por el sol!

5. EcoViajeros tiene itinerarios completos a 15 destinos turísticos del Caribe y de Sudamérica. Los viajes duran de cuatro a siete noches, con todos los impuestos, el transporte y la comida incluidos. Todas las habitaciones tienen vista al mar y baño privado.

¿Comprendiste?

Lee el anuncio. Luego decide si las oraciones son **ciertas** o **falsas.**

_____ 1. EcoViajeros no tiene mucha experiencia con el ecoturismo.

_____ 2. A la compañía le importa el impacto de su huella de carbono.

_____ 3. Si tomas uno de sus cruceros, no puedes nadar.

_____ 4. La cooperación entre EcoViajeros y ProteMundo ofrece muchos beneficios a otras personas.

_____ 5. La compañía sólo viaja a destinos sudamericanos.

_____ 6. Puedes pasar dos semanas haciendo una excursión.

¿Qué piensas?

¿Crees que EcoViajeros ofrece una manera responsable de viajar? ¿Por qué?

_____

_____

_____

Original content Copyright © Holt McDougal. All rights reserved. Additions and changes to the original content are the responsibility of the instructor.

Escribir

> ¡Avanza! **Goal:** Write about vacations and traveling.

Step 1

Quieres hacer un viaje este verano a un país extranjero pero no sabes si debes comprar un paquete e ir con un grupo o viajar solo(a). Para ayudarte a decidir, haz una lista de las ventajas y desventajas de viajar con un grupo.

Ventajas	Desventajas
1.	1.
2.	2.
3.	3.

Step 2

Escribe un párrafo de por lo menos seis oraciones sobre qué decidiste hacer y por qué.

_____

_____

_____

_____

_____

_____

_____

_____

_____

_____

_____

Step 3

Evaluate your writing using the information in the table.

Writing Criteria	Excellent	Good	Needs Work
Content	Your paragraph includes many details and relevant vocabulary.	Your paragraph includes some details and relevant vocabulary.	Your paragraph includes few details and relevant vocabulary.
Communication	Your paragraph is organized and easy to follow.	Much of your paragraph is organized and easy to follow.	Your paragraph is disorganized and hard to follow.
Accuracy	Your paragraph has few mistakes in grammar and vocabulary.	Your paragraph has some mistakes in grammar and vocabulary.	Your paragraph has many mistakes in grammar and vocabulary.

Original content Copyright © Holt McDougal. All rights reserved. Additions and changes to the original content are the responsibility of the instructor.

Vocabulario

> ¡Avanza! **Goal:** Talk about airplane travel.

1 Empareja las definiciones con las palabras apropiadas.

a. el cinturón de seguridad
b. el compartimiento
c. los auxiliares de vuelo
d. la tarjeta de embarque
e. un asiento

_____ 1. sin tener esto no se puede subir al avión

_____ 2. uno se abrocha esto antes del despegue

_____ 3. guardas tu equipaje de mano aquí

_____ 4. estas personas te atienden durante el vuelo

_____ 5. puedes pedir uno de pasillo o uno de ventanilla

2 Completa el párrafo con las palabras apropiadas del recuadro.

un retraso	aterrizar	la aerolínea
el detector de metales	el exceso de equipaje	facturar

Acabamos de (1) _____ y te llamo desde el avión. No vas a creer lo que pasó hoy. Primero llegamos al aeropuerto con tres horas de anticipación, pero los empleados de (2) _____ nos dijeron que el vuelo tendría (3) _____ de dos horas. Luego al (4) _____ nuestro equipaje, resultó que unas chicas del grupo habían puesto demasiado en sus maletas y su equipaje pesaba tanto que ellas tuvieron que pagar (5) _____. Luego, camino a la puerta de salida, en la zona de seguridad, un chico tuvo que pasar varias veces por (6) _____ pero por fin pudimos abordar.

3 Contesta las siguientes preguntas con oraciones completas.

1. Cuando viajas en avión, ¿en qué parte del avión te gusta sentarte? Te gustan los asientos de pasillo o de ventanilla? ¿Por qué?

_____

_____

2. ¿Has comprado un boleto electrónico alguna vez? ¿Cuál es una ventaja de comprar un boleto electrónico? ¿una desventaja?

_____

_____

Original content Copyright © Holt McDougal. All rights reserved. Additions and changes to the original content are the responsibility of the instructor.

Gramática

El futuro y el condicional

> ¡Avanza! **Goal:** Review the forms and uses of the future and the conditional.

1 Completa cada oración con la mejor opción.

_____ 1. Yo le dije a Mari que...

_____ 2. El avión no...

_____ 3. Nos dijiste que tú y tu familia...

_____ 4. En caso de turbulencia nosotros...

_____ 5. El paquete...

_____ 6. Los auxiliares de vuelo nos informaron que...

_____ 7. Después de aterrizar,...

a. despegará a tiempo.
b. nos abrocharíamos el cinturón de seguridad.
c. incluirá transporte, hotel y comida.
d. sería más fácil usar el kiosco.
e. buscaré mi equipaje en la cinta transportadora.
f. servirían la comida en unos diez minutos.
g. irían a la playa este verano.

2 Escoge la forma correcta del futuro para completar la conversación.

1. ¿A qué hora (saldremos / llegarán) para el aeropuerto?

2. A las ocho. (Tendré / Estaremos) atrasados si no te apuras.

3. ¿Y (abordaremos / abordarán) nuestro vuelo a eso de las once?

4. Sí, pero hay tantos trámites que hacer en el aeropuerto que se (perderé / perderá) el vuelo si uno no llega con dos horas de anticipación.

5. Bueno, no hay problema. (Estaré / Estaremos) listo dentro de cinco minutos.

3 Completa las oraciones con el verbo apropiado del recuadro.

me pondría	cabría	guardarían	pasarían	saldría

1. La agente les dijo a los viajeros que el vuelo _____ a las nueve de la mañana.

2. Ay, ¡me dijeron que mi equipaje de mano no _____ en la cabina! Tengo que facturarlo.

3. La azafata nos dijo que _____ una película después de servir la comida.

4. Antes de aterrizar en el mar _____ el chaleco salvavidas.

5. Los auxiliares de vuelo nos _____ las maletas en el compartimiento.

Original content Copyright © Holt McDougal. All rights reserved. Additions and changes to the original content are the responsibility of the instructor.

4 Completa las oraciones con la forma correcta del futuro o del condicional del verbo entre paréntesis, según el caso.

— Muy buenas tardes. El vuelo (1) _____ (despegar) en unos minutos. Durante el vuelo nosotros (2) _____ (alcanzar) una altitud máxima de 30,000 pies. El vuelo (3) _____ (durar) dos horas y media. Nosotros (4) _____ (llegar) a las siete de la tarde hora local. El servicio de comida y de bebida (5) _____ (comenzar) en veinte minutos.

—¡Qué bueno! Pensaba que no (6) _____ (haber) servicio de comida en este vuelo. Estoy muriéndome de hambre.

5 Escribe oraciones con estas palabras usando el futuro o el condicional según el caso.

1. según el agente / nosotros abordar el vuelo / en media hora

_____

_____

2. hace unos minutos / el agente decirnos / el vuelo / no llegar hasta las ocho de la mañana

_____

_____

3. el vuelo /salir mañana / y / hacer escala / en Boston y en Madrid

_____

_____

4. mis padres / decirme ayer que / valer la pena ir a Europa

_____

_____

6 Contesta las siguientes preguntas con oraciones completas.

1. La próxima vez que viajes en avión, ¿llevarás una maleta o dos? ¿Por qué?

_____

_____

2. ¿Te gustaría hacer un viaje a otro país? ¿Adónde irías?

_____

_____

Original content Copyright © Holt McDougal. All rights reserved. Additions and changes to the original content are the responsibility of the instructor.

Gramática

Más usos del futuro y del condicional

| ¡Avanza! | **Goal:** Learn some additional uses of the future and conditional. |

1 Completa las oraciones con la opción apropiada.

_____ 1. —¿Qué hora _____?

        a. seré   b. seremos   c. será

_____ 2. —Bueno, abordamos hace una hora, ¿no? _____ las diez.

        a. Serás   b. Serán   c. Seréis

_____ 3. —Y si no nos dejan despegar _____ nuestra conexión en San Diego.

        a. perderemos   b. perderás   c. perderá

_____ 4. —La prómixa vez, debemos tomar un vuelo directo. _____ más caro pero por lo menos no tendremos el estrés de las conexiones.

        a. Seré   b. Seréis   c. Será

_____ 5. —Pero si pagamos demasiado dinero por los pasajes, no nos _____ ningún dinero para el resto del viaje.

        a. quedará   b. quedarán   c. quedaremos

2 Completa el diálogo con la forma correcta del futuro o del condicional según el caso.

Joaquín   ¿Has viajado a España alguna vez?

Íñigo   Sí, yo (1) _____ (tener) como quince años. Fui con mi familia.

Joaquín   ¿Te (2) _____ (gustar) volver algún día?

Íñigo   Claro, me (3) _____ (encantar) hacerlo. ¿Por qué me lo preguntas?

Joaquín   Bueno, estoy pensando en hacer un viaje a España pero no quiero ir solo. Pero como quiero ahorrar dinero ahora probablemente (4) _____ (ser) mejor esperar un poco, ¿no crees?

Íñigo   Bueno, tal vez. Pero podemos hacer un viaje aquí dentro del país. No (5) _____ (costar) mucho ir a la costa si acampamos en la playa.

Joaquín   Sí, es cierto que será más económico y con las brisas suaves de la playa (6) _____ (dormir) muy bien sin tener que comprar una tienda de campaña. ¡Vamos!

Original content Copyright © Holt McDougal. All rights reserved. Additions and changes to the original content are the responsibility of the instructor.

3 Contesta las preguntas según las pistas y usa el futuro en tu respuesta.

1. —¿Adónde iremos de vacaciones este verano? (visitar a los tíos en Chile)

   — _____

2. —¿Con qué aerolínea volamos? (con AeroMundo)

   — _____

3. —¿Qué haremos la noche antes de nuestro viaje? (hacer las maletas)

   — _____

4. —¿Cómo vamos al aeropuerto? (ir en autobús)

   — _____

5. —¿Quién nos va a buscar al aeropuerto? (el tío Guille)

   — _____

6. —¿Cuánto tiempo vamos a pasar allí? (un mes)

   — _____

4 Contesta las preguntas y usa el futuro o condicional según el caso.

1. ¿Cómo irían tus abuelos cuando viajaban de jóvenes?

   _____

   _____

2. ¿Qué edad tendría tu papá cuando viajó por primera vez?

   _____

   _____

3. ¿Qué edad tendrás cuando te cases y hagas tu viaje de luna de miel?

   _____

   _____

4. ¿Quién será el presidente de los Estados Unidos cuando tengas veinte años?

   _____

   _____

5. ¿Cuánto costará viajar a la Luna en el año 3000?

   _____

   _____

Original content Copyright © Holt McDougal. All rights reserved. Additions and changes to the original content are the responsibility of the instructor.

Integración: Hablar UNIDAD **3** LECCIÓN **2**

Vas a leer un anuncio para una clase diseñada para ayudar a las personas con miedo a viajar por avión y vas a oír una conversación entre dos personas. Una de ellas tiene que viajar por avión y tiene miedo. Luego completa la actividad.

Fuente 1 Leer

Lee el siguiente anuncio para una clase de reducción de ansiedad al viajar por avión.

Alas nuevas

El instituto **Alas nuevas** anuncia su curso por Internet para el control de la ansiedad en personas que tienen miedo a viajar por avión. Si sólo de pensar que tomará un vuelo usted sufre de mareos, sudor, náuseas o temblores, no está solo y este curso le ayudará. **¡Garantizamos que se sentirá mejor al volar o le devolveremos todo su dinero!** Se ha comprobado que muchas personas sufren diversos malestares a la hora de volar y por eso, muchos lo evitan.

Con nuestro curso podrá aprender técnicas para respirar profundo y quedar tranquilo cuando haga los trámites antes de abordar: al facturar el equipaje, pasar por el detector de metales, o estar en la puerta de salida. También le ayudaremos con la entrada al avión, a buscar su asiento, a relajarse durante el vuelo y las escalas, y por último con el aterrizaje y su llegada. El curso dura 4 horas y tendrá acceso a las mini-lecciones las 24 horas del día desde que se inscriba. Sólo tendrá que hacer uso de la palabra clave que le mandaremos al recibir su pago, y tendrá acceso completo al curso y a nuestros instructores privados.

Este curso es para usted si el leer este anuncio le hace temblar. Llámenos al teléfono 555-ALAS o visite nuestro sitio web: www.alasnuevas.hmco.com.

Fuente 2 Escuchar WB CD 1 Track 21

Escucha la conversación entre Reynaldo y una amiga. Toma apuntes.

_____

_____

_____

_____

Hablar

Habla sobre cuatro o más maneras en que el curso de Alas nuevas ayudará a Reynaldo.

modelo   Este curso le ayudará …

Original content Copyright © Holt McDougal. All rights reserved. Additions and changes to the original content are the responsibility of the instructor.

Integración: Escribir

Vas a leer el blog de un pasajero que acaba de regresar de un viaje con la aerolínea DomiTex y vas a escuchar un anuncio de la misma. Uno de tus amigos quiere un vuelo directo de Texas a Perú. Completa la actividad donde le ayudarás a tomar su decisión.

Fuente 1 Leer

Lee el blog de Manolo.

Esta entrada en mi blog es para advertirle a cualquier persona que lo lea: ¡Por su bien, no viaje por Aerolínea DomiTex! Había decidido viajar por DomiTex porque sus precios eran baratos y porque tenían vuelos a muchos países. Pero acabo de llegar de mi viaje y todavía no me recupero. Primero, en el viaje de ida, perdieron mi maleta. No me di cuenta inmediatamente porque me habían dado una maleta idéntica a la mía. No me habría dado cuenta del cambio, pero como tenía que cambiarme de ropa antes de salir del aeropuerto: ¡Qué sorpresa: había vestidos, maquillaje y faldas en la maleta! Pensé que hablaría con un agente de la aerolínea pero no tenían ni uno en el mostrador y había una cola enorme. Después de eso, y como soy buena gente, creí que nada malo podría suceder en el viaje de vuelta pero, ¡me equivoqué! Después de despegar el piloto anunció turbulencia. El avión comenzó a temblar, el compartimiento de la máscara de oxígeno se abrió, las máscaras salieron, pero ¡no había ni una nube! Jamás usaré esa aerolínea, y para que sepan, todavía tengo los vestidos y la falda: ¡Mi maleta nunca aparecerá y todavía no me han pagado!

Fuente 2 Escuchar WB CD 1 Track 22

Escucha el anuncio de DomiTex y toma apuntes.

_____

_____

_____

Escribir

Escríbele un correo electrónico a tu amigo donde le ayudarás a tomar su decisión. Di qué le recomiendas y tus razones.

modelo   Acabo de encontrar información que te servirá…

_____

_____

_____

_____

_____

Original content Copyright © Holt McDougal. All rights reserved. Additions and changes to the original content are the responsibility of the instructor.

Escuchar

UNIDAD **3** LECCIÓN **2**

WB CD 1 Tracks 23, 24

> ¡Avanza! **Goal:** Listen to people talk about traveling by plane.

1 Dante y su mamá están por salir de viaje. Escucha su conversación y luego completa las siguientes oraciones con la opción correcta.

_____ 1. Dante y su mamá van a viajar a una ciudad de _____.

     a. su estado   b. su país   c. otro país

_____ 2. Ellos llevan _____.

     a. muchas maletas   b. pocas maletas   c. sólo mochilas

_____ 3. Dante quiere poner las maletas en _____.

     a. la cinta transportadora

     b. el compartimiento de equipaje

     c. el detector de metales

_____ 4. A Dante le preocupa(n) _____.

     a. las turbulencias   b. la comida   c. la bebida

_____ 5. Dante se quitará _____.

     a. la chaqueta   b. los anillos   c. los calcetines

2 Escucha el anuncio que pasan en el aeropuerto. Luego contesta las siguientes preguntas.

1. ¿Qué ocurre con el vuelo a Madrid?

_____

2. ¿Por qué se retrasó el vuelo?

_____

3. ¿Por qué piden que presten atención a la puerta de salida?

_____

4. ¿Qué deben hacer los pasajeros que tienen conexión?

_____

5. ¿Qué les sugiere la aerolínea a los pasajeros para pasar las horas de espera?

_____

Original content Copyright © Holt McDougal. All rights reserved. Additions and changes to the original content are the responsibility of the instructor.

Leer

¡Avanza! **Goal:** Read about traveling by plane.

Lee esta carta al presidente de la aerolínea TMA acerca de un viaje problemático.

Estimado Señor García Bernal:

Le escribo para decirle que hay problemas graves con el nivel de servicio que ofrece su aerolínea. Acabo de regresar de un viaje que hice a la Costa del Sol y antes de viajar había soñado con un viaje relajante durante el cual tendría la oportunidad de aprovechar la belleza de la costa. Lamentablemente las experiencias que tuve durante mis vuelos hicieron que mis vacaciones ideales se convirtieran en pesadilla. Primero, mi primer vuelo despegó después de un retraso de quince horas. Fíjese usted, ¡quince horas! Y lo peor fue que la mayoría de las horas todos estuvimos atrapados en el avión sin aire acondicionado, sin comida, sin bebida y, para colmo, sin el uso de los baños. Claro que perdí mi conexión y al llegar a mi destino con más de un día de retraso, mi equipaje había desaparecido. Luego al llegar al hotel, ya no tenían mis reservaciones en el Hotel SuperLux, así que tuve que hospedarme en un albergue estudiantil. Nunca volveré a viajar con su aerolínea y les diré a todos mis amigos que eviten viajar con ustedes a toda costa.

Atentamente, Paloma Varela de Montserrat

¿Comprendiste?

Lee la carta y contesta las preguntas con oraciones completas.

1. ¿A quién está dirigida la carta?

_____

2. ¿Cuántas horas después de la hora original despegó el avión?

_____

3. ¿Qué les ofrecieron los auxiliares de vuelo a los pasajeros mientras esperaban el despegue?

_____

4. ¿Qué le pasó a la señora cuando por fin llegó a la Costa del Sol?

_____

¿Qué piensas?

1. ¿Crees que el presidente hará algo por la señora? ¿Qué harías tú en su lugar?

_____

_____

_____

_____

Original content Copyright © Holt McDougal. All rights reserved. Additions and changes to the original content are the responsibility of the instructor.

Escribir

> **¡Avanza!** **Goal:** Write about traveling by plane.

Step 1

Has viajado mucho y quieres ayudar a otros pasajeros con unas sugerencias prácticas que les ayudarán a evitar problemas cuando vuelen. Haz una lista de las cosas que deben hacer antes y durante el vuelo.

Antes del vuelo	Durante el vuelo
1.	1.
2.	2.
3.	3.
4.	4.

Step 2

Escribe un párrafo de por lo menos cinco oraciones sobre cómo evitar problemas al volar.

_____

_____

_____

_____

_____

_____

_____

_____

Step 3

Evaluate your writing using the information in the table.

Writing Criteria	Excellent	Good	Needs Work
Content	Your paragraph includes many details and relevant vocabulary.	Your paragraph includes some details and relevant vocabulary.	Your paragraph includes few details and relevant vocabulary.
Communication	Most of your paragraph is organized and easy to follow.	Parts of your paragraph are organized and easy to follow.	Your paragraph is disorganized and hard to follow.
Accuracy	Your paragraph has few mistakes in grammar and vocabulary.	Your paragraph has some mistakes in grammar and vocabulary.	Your paragraph has many mistakes in grammar and vocabulary.

Original content Copyright © Holt McDougal. All rights reserved. Additions and changes to the original content are the responsibility of the instructor.

Cultura

| ¡Avanza! | Goal: Review the cultural information contained in this unit. |

1 Las vacaciones Indica si las siguientes oraciones son **ciertas** or **falsas.**

_____ 1. La isla de Puerto Rico está situada en el mar Pacífico.

_____ 2. En San Juan, la capital de Puerto Rico, se encuentra el castillo de El Morro.

_____ 3. Una playa famosa de España es Luquillo.

_____ 4. Costa Rica ha desarrollado una industria turística que se enfoca en las selvas tropicales del país.

2 Tres destinos inolvidables Completa las siguientes oraciones.

1. El _____ en Puerto Rico es la reserva forestal más antigua del hemisferio norte.

2. En este bosque tropical se encuentran animales únicos como la rana _____ y la _____ puertorriqueña.

3. En el Parque Nacional Tortuguero se organizan excursiones nocturnas para ver el desove de _____.

4. La ciudad de _____ en el estado de Yucatán ofrece al turista una oportunidad de ver dos pasados.

3 Dos escritores Contesta las siguientes preguntas.

1. ¿De qué trata el relato «Día de Reyes»? _____

2. ¿Qué dejan los niños hispanos en la ventana la noche del 5 de enero?

_____

3. ¿Dónde nació Augusto Monterroso? ¿Dónde se crió?

_____

4 Tu viaje ideal Escoge uno de los lugares mencionados en «El Caribe: Tres destinos inolvidables» y explica por qué lo escogerías y qué harías allí.

_____

_____

_____

_____

_____

Original content Copyright © Holt McDougal. All rights reserved. Additions and changes to the original content are the responsibility of the instructor.

Actividades de video

Dos amigas... dos hoteles

Mientras ves el video

¿Quiénes, dónde, qué prefieren? Mientras ves el video, toma apuntes usando las siguientes categorías.

Personajes: _____

Están en: _____

Preferencias: _____

Después de ver el video

¿Cierto o falso? Según las conversaciones del video, indica si las siguientes oraciones son **ciertas** o **falsas.**

1. _____ Las chicas están de vacaciones en Costa Rica.

2. _____ Están muy impresionadas con los servicios que ofrece el hotel.

3. _____ A Silvia le importa más ahorrar dinero y a Claudia le importa más estar cómoda.

4. _____ El empleado del hotel les ofrece un cuarto con baño privado sin televisor.

5. _____ Un cuarto con dos camas en este hotel costará 40 dólares por noche.

6. _____ Al final del episodio las chicas deciden hospedarse en el hotel económico para ahorrar dinero.

¿Qué opinas tú? Imagina que haces un viaje con un(a) amigo(a) y quieren buscar dónde hospedarse. Para ti, ¿qué es lo más importante en un hotel? ¿Preferirías gastar mucho dinero en un hotel cinco estrellas o ahorrarías dinero quedándote en un hotel clase turística? Explica tu respuesta comparándote con las dos chicas del video.

_____

_____

_____

_____

_____

_____

_____

_____

_____

Original content Copyright © Holt McDougal. All rights reserved. Additions and changes to the original content are the responsibility of the instructor.

Vocabulario

¡Avanza! **Goal:** Talk about family, society, relationships, and social problems.

1 Completa las oraciones con las palabras apropiadas del recuadro.

homicidio	matrimonio	pobreza
noviazgo	delincuentes	armas

1. Tengo un hermanastro, hijo del _____ anterior de mamá.

2. Leí en el periódico sobre el _____ de una señora mayor. Los vecinos la encontraron muerta en su apartamento.

3. La policía lleva _____ para defenderse.

4. A veces la _____ contribuye al crimen en la sociedad.

5. Mis abuelos tuvieron siete años de _____ antes de casarse.

6. Si los _____ aún son adolescentes, el juez puede mandarlos a hacer trabajos comunitarios en vez de mandarlos a la cárcel.

2 Empareja las definiciones con las palabras apropiadas.

a. la pareja
b. la pandilla
c. el desempleo
d. la delincuencia juvenil
e. el SIDA

_____ 1. crímenes y problemas causados por adolescentes

_____ 2. la falta de trabajos

_____ 3. dos personas que se unen

_____ 4. un grupo de personas comúnmente dedicadas al crimen

_____ 5. una enfermedad seria del sistema de inmunidad

3 Contesta las siguientes preguntas con oraciones completas.

1. En tu opinión, ¿qué es más problemático entre personas de tu edad: el alcoholismo o la drogadicción?

_____

_____

2. Enumera qué problemas sociales no eran parte de la experiencia de tus padres.

_____

_____

Original content Copyright © Holt McDougal. All rights reserved. Additions and changes to the original content are the responsibility of the instructor.

Gramática

El presente del subjuntivo

¡Avanza! **Goal:** Review and expand on the uses of the present subjunctive.

1 Escoge la forma correcta del verbo entre paréntesis para completar las oraciones.

1. Los profesores no niegan que (hay / haya) problemas de deserción escolar.

2. Ellos esperan que nosotros (hablemos / hablamos) de nuestros problemas.

3. Me alegro de que (trabajemos / trabajamos) en contra del desempleo.

4. Es raro que ellos no (quieren / quieran) esperar más tiempo para casarse.

5. Sentimos mucho que (estés / estás) enfermo. Ojalá que no sea nada serio.

2 Completa las oraciones con la forma correcta del verbo apropiado del recuadro.

hacer	tener	ver	dejar	solucionar

1. Deseamos que todos _____ acceso al centro de ayuda.

2. A menos que el padre de Juan _____ de tomar, creo que va a convertirse en alcohólico.

3. Es probable que yo _____ investigaciones sobre los riesgos de tomar drogas para la clase de salud.

4. Dudo que el alcalde _____ todos los problemas sociales.

5. Como no tengo dinero para salir, mis padres sugieren que mis amigos y yo _____ una película de crímenes y detectives en casa.

3 Escribe oraciones completas basándote en los fragmentos.

modelo   Julia / esperar / tú / estudiar / agresión

              Julia espera que tú estudies sobre la agresión.

1. Yo / insistir / mis hijos / respetar / policía / adultos

_____

2. Ser imposible / mi prima / estar / pandilla

_____

3. Nosotros / no negar / tus hermanos / no ser / criminales

_____

4. Él / esperar / María / hablar / desempleo / probatoria

_____

Original content Copyright © Holt McDougal. All rights reserved. Additions and changes to the original content are the responsibility of the instructor.

4 Completa las oraciones con la forma correcta del verbo entre paréntesis.

Hola Lidia, te habla Roque. Tus padres quieren que (yo) te (1) _____ (hablar) sobre algunas cosas serias. Ellos desean que (tú) no (2) _____ (tener) problemas en tu nuevo colegio. Como yo asisto al mismo colegio les dije que hablaría contigo. Ojalá que (tú) no (3) _____ (pensar) que soy un «metiche». En nuestro colegio hay muchas personas con problemas familiares. Algunos ya se han juntado a las pandillas. Si te sientes sola, temo que (tú) (4) _____ (querer) ser amiga de personas que están metidas en problemas. Quiero que tú y tus padres (5) _____ (saber) que pueden contar conmigo. Espero que (tú) me (6) _____ (escribir) un correo electrónico pronto y que me (7) _____ (decir) cómo te va en tus clases.

5 Usa verbos como **aconsejar**, **esperar**, **sugerir**, **querer**, **desear** y escribe recomendaciones.

modelo   Sus padres / Uds. / tener problemas / las pandillas

Sus padres esperan que Uds. no tengan problemas con las pandillas.

1. Los directores / los alumnos / visitar / el centro de ayuda

_____

2. Yo / tú y tus amigos / evitar / las drogas y el alcohol

_____

3. La jueza / Raúl / estar en probatoria

_____

4. La sicóloga / nosotros / tener cuidado / las armas

_____

5. Raísa / yo / leer / los peligros / la violencia doméstica

_____

6. Renata / su hermano mayor / dejar / fumar

_____

Original content Copyright © Holt McDougal. All rights reserved. Additions and changes to the original content are the responsibility of the instructor.

Gramática

El subjuntivo en cláusulas adverbiales

> **¡Avanza!** **Goal:** Review the uses of the subjunctive in adverbial clauses.

1 Completa las oraciones con la opción apropiada.

_____ 1. El juzgado de menores a menudo reduce las sentencias con tal de que los jóvenes _____ trabajo comunitario.

    a. hacen   b. hacía   c. hagan

_____ 2. Pilar ha escrito varios libros para _____ a las jóvenes sobre el embarazo durante la adolescencia.

    a. informa   b. informar   c. informe

_____ 3. Tan pronto como salió de la cárcel, el ladrón _____ otro crimen.

    a. cometió   b. cometa   c. cometer

_____ 4. Mis padres y yo hablaremos sobre el analfabetismo a fin de que yo _____ la decisión de ser maestro.

    a. tome   b. tomo   c. toma

2 Escribe oraciones completas usando las expresiones entre paréntesis y haciendo los cambios necesarios.

modelo   el presidente / hablar / directora / haber problemas (dudo; cuando)

     Dudo que el presidente hable con la directora cuando haya problemas.

1. Ingrid / trabajar / Centro / prevención / deserción escolar / terminar / la secundaria (no creo que; después de que)

_____

2. todos los adolescentes / meterse en problemas / salir / probatoria (no es cierto; tan pronto como)

_____

3. padrastro de Ana / estar preocupado por / desempleo / Ana / saberlo (no es posible que; sin que)

_____

4. Lisa encontrar / cura / SIDA / Lisa estudiar / biología (es imposible que; sin)

_____

Original content Copyright © Holt McDougal. All rights reserved. Additions and changes to the original content are the responsibility of the instructor.

3 Contesta las preguntas según las pistas. Usa el subjuntivo o el indicativo, conjunciones y el vocabulario de la lección.

1. —¿Qué piensas de la violencia doméstica? (dudar que)

   — _____

2. —El analfabetismo: ¿qué significa para ti? (sorprendente)

   — _____

3. —¿Qué le dices a alguien que usa drogas? (aconsejar que)

   — _____

4. —¿Qué opinas de la relación entre el hambre y el crimen? (parecer que…)

   — _____

5. —Te enteras de que la policía captura a un criminal. ¿Cuál es tu primera reacción? (alegrarse de)

   — _____

4 Contesta las preguntas. Usa el subjuntivo, el indicativo y las conjunciones según el caso.

1. ¿Qué piensan tus padres sobre la delincuencia juvenil?

   _____

   _____

2. ¿Qué creen tus padres que puedes hacer sobre los problemas sociales antes de que te gradúes?

   _____

   _____

3. ¿Crees que los adultos y los adolescentes pueden entenderse bien?

   _____

   _____

4. ¿Hay centro de ayuda donde vives? ¿Qué servicios se deben ofrecer allí?

   _____

   _____

5. ¿Qué les recomiendas a las parejas de tu edad que están en un noviazgo serio?

   _____

   _____

Original content Copyright © Holt McDougal. All rights reserved. Additions and changes to the original content are the responsibility of the instructor

Integración: Hablar

Para un proyecto, tus compañeros y tú tienen que trabajar de voluntarios. Lee la hoja que les dio el profesor y luego escucha un anuncio de radio, en el cual se habla de algunas entidades sin fines de lucro que buscan ayuda.

Fuente 1 Leer

Lee los detalles del proyecto.

Curso: Ciencias sociales   **Tarea:** Proyecto cumulativo

Propósito: Familiarizarse con algunas entidades caritativas y darse cuenta del aporte que pueden realizar participando con las mismas.

Pasos

- Escoger una entidad y comunicarse con un representante
- Dedicar al menos una hora por semana como voluntario(a) durante seis semanas
- Escribir un trabajo de diez páginas con la siguiente información:
  - Nombre de la entidad y propósito de la misma
  - Breve historia de la entidad y su aporte a la comunidad
  - Tareas específicas en las que participaron
  - Evaluación particular del trabajo que se realiza
  - Fecha de vencimiento: viernes, 11 de abril

Algunas entidades caritativas

- Campaña contra el abuso del alcohol y de las drogas ilícitas
- Centro de ayuda para niños descuidados
- Albergue para los desamparados
- Oficina para la protección del medio ambiente

Fuente 2 Escuchar WB CD 2 Track 01

Escucha un anuncio de radio y toma apuntes.

_____

_____

_____

Hablar

Explícales a tus compañeros las posibilidades de trabajo voluntario disponibles y haz recomendaciones de cuáles les convendrían o no para el proyecto y por qué.

modelo   Oigan, están buscando voluntarios en… Recomiendo que...

Original content Copyright © Holt McDougal. All rights reserved. Additions and changes to the original content are the responsibility of the instructor.

Integración: Escribir

Para el periódico, tienes que escribir un artículo sobre los efectos del divorcio en una familia, pero ni tus padres ni ningún matrimonio que conoces se han divorciado. Lee la entrada de un blog y escucha una llamada a un programa de un consejero.

Fuente 1 Leer

Lee la entrada que escribió Jorge, un muchacho que lleva dos años viviendo en una familia mezclada, con su mamá, su padrastro, una hermanastra y un hermanastro.

> **martes, 25 de junio**   Hoy fuimos todos al parque de diversiones y la pasamos fenomenal. Lo más divertido fue cuando subimos a la montaña rusa. Mi mamá y mi hermanastra no subieron porque tienen miedo de que haya un accidente. ¡Qué tontería! En fin, lo mejor del día fue que por fin me di cuenta de que a pesar de todo, estos dos años anteriores no han sido tan malos como pensaba. Cuando mis papás se divorciaron hace dos años, me puse tan triste que nunca pensé que podría volver a ser feliz. Y cuando mi mamá se volvió a casar y tuve que mudarme con una nueva familia, me dieron ganas de morirme. Pero poco a poco me fui acostumbrando a la nueva situación y hoy estoy muy contento. Mi padrastro es muy buena gente y él y mi mamá se quieren mucho. Esto es muy distinto a lo de mi mamá y mi papá. Es cierto que a él lo echo mucho de menos pero me acuerdo bien de cómo él y mi mamá se peleaban. Es mucho mejor que no vivan juntos. Mi mamá y mi padrastro se llevan bien y es raro que yo los oiga pelear. Y mis hermanastros, cuando los conocí no me cayeron muy bien, pero ahora me llevo bien con mi hermanastro y mi padrastro y a mi hermanastra le gusta pasar tiempo con mi mamá. Nunca pensé que el divorcio podría tener buen resultado, pero me considero muy afortunado.

Fuente 2 Escuchar WB CD 02 Track 02

Escucha una llamada a un programa de radio que da consejos. Toma apuntes.

_____

_____

Escribir

Escribe un artículo que hable de los diferentes resultados de un divorcio y cómo puede afectar a los miembros de la familia según la situación.

modelo   Es cierto que el divorcio es una decisión seria, pero (no) creo que...

_____

_____

_____

_____

_____

_____

Original content Copyright © Holt McDougal. All rights reserved. Additions and changes to the original content are the responsibility of the instructor.

Escuchar

WB CD 2 Tracks 03, 04

> ¡Avanza! **Goal:** Listen to people talk about social issues.

1 Escucha la noticia que pasan por la tele. Luego indica si las oraciones son ciertas (C) o falsas (F).

_____ 1. La noticia es sobre el analfabetismo.

_____ 2. El número de jóvenes que no va a la escuela está disminuyendo.

_____ 3. El nuevo programa del gobierno tiene cuatro partes.

_____ 4. Los estudiantes visitarán hospitales para hablar con los médicos.

_____ 5. Abrirán un centro de ayuda por ciudad.

2 El señor Costa hace una llamada telefónica porque tiene un problema. Escucha su conversación con la operadora y luego contesta las preguntas.

1. ¿Adónde llama el señor Costa?

   _____

2. ¿Qué problema tiene el señor Costa?

   _____

3. ¿Por qué no trabaja la hijastra del señor Costa?

   _____

4. ¿Cuál es la especialidad del señor Costa?

   _____

5. ¿Qué tiene que hacer el señor Costa después de hablar con la operadora?

   _____

Original content Copyright © Holt McDougal. All rights reserved. Additions and changes to the original content are the responsibility of the instructor.

Leer

¡Avanza! **Goal:** Read about emerging social problems.

Lee este ensayo sobre un nuevo tipo de analfabetismo. Luego haz las actividades.

El problema del analfabetismo tecnológico

En un mundo dominado por el mercado global, aumenta el analfabetismo tecnológico. Éste se define como la incapacidad para utilizar la tecnología tanto en la vida diaria como en el trabajo, y no tiene nada que ver con el nivel de educación que uno ha alcanzado. Debido a que la tecnología cambia más rápido de lo que muchos son capaces de asimilar, alguien que no es analfabeto tecnológico hoy puede serlo mañana.

A menos que la instrucción tecnológica se extienda desde la enseñanza primaria a la universitaria, el hueco entre los que saben aprovechar las nuevas tecnologías y los que las desconocen seguirá creciendo. Los gobiernos deben darles acceso a las nuevas tecnologías a los que no tengan los recursos económicos para comprarlas. Además, se debe enfatizar la necesidad absoluta de aprender el uso de la tecnología. Por su parte, el público tiene que aceptar que no hay ninguna sociedad que pueda mantenerse viva sin saber utilizar las nuevas formas de tecnología. Negar esto es arriesgar el futuro.

¿Comprendiste?

Lee el ensayo y contesta las preguntas con oraciones completas.

1. Según el ensayo, ¿qué problema hay?

   _____

2. ¿Cómo es posible que un profesor de biología sea analfabeto tecnológico?

   _____

3. ¿Por qué uno puede saber usar la tecnología ahora, pero no saber usarla mañana?

   _____

4. ¿Qué solución propone el ensayo?

   _____

¿Qué piensas?

1. ¿Es verdad que el analfabetismo tecnológico es un problema grave?

   _____

   _____

   _____

Original content Copyright © Holt McDougal. All rights reserved. Additions and changes to the original content are the responsibility of the instructor.

Escribir

¡Avanza! **Goal:** Write about doing community service as a school requirement.

Step 1

Haz una lista de las ventajas y las desventajas del trabajo comunitario.

Ventajas	Desventajas
1.	1.
2.	2.
3.	3.

Step 2

Escribe un párrafo de por lo menos cinco oraciones sobre los beneficios de requerirles el trabajo comunitario a los estudiantes de la secundaria.

_____

_____

_____

_____

_____

_____

_____

_____

_____

_____

Step 3

Evaluate your writing using the information in the table.

Writing Criteria	Excellent	Good	Needs Work
Content	Your paragraph includes many details and relevant vocabulary.	Your paragraph includes some details and relevant vocabulary.	Your paragraph includes few details and relevant vocabulary.
Communication	Most of your paragraph is organized and easy to follow.	Parts of your paragraph are organized and easy to follow.	Your paragraph is disorganized and hard to follow.
Accuracy	Your paragraph has few mistakes in grammar and vocabulary.	Your paragraph has some mistakes in grammar and vocabulary.	Your paragraph has many mistakes in grammar and vocabulary.

Original content Copyright © Holt McDougal. All rights reserved. Additions and changes to the original content are the responsibility of the instructor.

Vocabulario

¡Avanza! **Goal:** Talk about education and finances.

1 Completa el párrafo con las palabras o frases apropiadas.

aceptado	beca	consejero	privada	examen de ingreso
secundaria	nota	especialidad	honor	materias

Mi hermano mayor va a graduarse de la escuela (1) _____

este año, y quiere asistir a la universidad que queda cerca de nuestra casa. Es una

universidad (2) _____, lo cual puede ser problemático

porque no tenemos mucho dinero y va a costar mucho. Él espera que le ofrezcan

una (3) _____ porque ha trabajado duro y es un estudiante

de (4) _____. Ya ha sido (5) _____

porque aprobó el (6) _____ con una

(7) _____ altísima. Ha decidido que la química va a ser su

(8) _____, aunque no sabe exactamente qué

(9) _____ tendrá que estudiar. Va a hablar con un

(10) _____ en unas semanas para obtener más información.

2 Contesta las preguntas con oraciones completas.

1. ¿Cuáles son algunos gastos que se tienen que pagar?

_____

2. ¿Por qué es importante pagar las tarjetas de crédito a tiempo?

_____

3. ¿Por qué se les piden préstamos a los bancos?

_____

4. ¿Cuáles son los pasos que tienes que seguir para ser aceptado(a) en la universidad?

_____

5. ¿En qué materia piensas sacar la licenciatura?

_____

6. Después de sacar la licenciatura, ¿qué harás?

_____

Original content Copyright © Holt McDougal. All rights reserved. Additions and changes to the original content are the responsibility of the instructor.

Gramática

UNIDAD 4 LECCIÓN 2

El pretérito perfecto del subjuntivo

¡Avanza! **Goal:** Use the present perfect subjunctive.

1 Escoge el verbo que mejor completa las oraciones.

1. Melvin quiere que sus padres le ayuden a conseguir una tarjeta de crédito pero ellos quieren esperar hasta que (se haya inscrito / haya hecho) un presupuesto.

2. Ellos se preocupan de que él (haya cobrado / se haya atrasado) en pagar las deudas.

3. A Melvin le encanta comprar cosas y no creen que sea buena idea darle una tarjeta de crédito a menos que (haya controlado / haya reprobado) los gastos.

4. Les es incomprensible que Melvin no (se haya atrasado / haya pagado) el alquiler de su apartamento desde hace tres meses.

5. Temen que el dueño del apartamento ya le (haya pagado / haya cobrado) una multa más interés.

2 Completa el párrafo con el verbo apropiado del recuadro.

haya sido aceptada	haya inscrito	hayan enviado	hayan tenido
haya conseguido	haya asistido	hayan ahorrado	haya aprobado

Me alegro de que por fin me (1) _____ los resultados

del examen de ingreso que tomé hace un mes. Los profesores han quedado muy

satisfechos de que yo lo (2) _____ con una nota tan alta.

Dicen que les da mucho placer que yo ya (3) _____ a la

universidad nacional. ¡Qué emoción! Toda la familia está feliz. Mi abuelo dice

que tan pronto como me (4) _____, él va a pagar la primera

cuota de la matrícula. Él está muy orgulloso de mí, porque no hay nadie en mi

familia que (5) _____ a la universidad, y él no quiere que yo

pierda la oportunidad. Mis padres se preocupan un poco de que no

(6) _____ suficiente dinero, y de que

(7) _____ que pedir un préstamo, pero creo que todo va a

salir bien. Hace dos semanas solicité varias becas y puedo empezar el semestre

aunque no (8) _____ todo el dinero que necesito.

Original content Copyright © Holt McDougal. All rights reserved. Additions and changes to the original content are the responsibility of the instructor.

3 Completa las oraciones con la forma correcta del verbo entre paréntesis. Usa el pretérito perfecto del indicativo o el pretérito perfecto del subjuntivo.

1. —Es increíble que Juanjo no _____ (ser aceptado) a la universidad.

2. —Bueno, no la cosa no está tan mal. Es verdad que no lo _____ (aceptar) pero tampoco lo _____ (rechazar). Está en la lista de espera.

3. —¿No es cierto que no _____ (aprobar) el examen de ingreso?

4. —Al contrario. Creo que _____ (sacar) una nota bastante alta. Lo que pasa es que muchos estudiantes _____ (salir) bien y no hay tantos puestos. Por eso es normal que ellos lo _____ (poner) en la lista.

5. —Pues, espero que _____ (ahorrar) su dinero. No permiten que uno se inscriba a menos que _____ (pagar) la matrícula.

4 Estos padres hablan con su hija sobre las notas y las finanzas. Escribe las reacciones de los padres a lo que dice ella usando el pretérito perfecto del indicativo o del subjuntivo de los verbos dados.

1. No sé porque he sacado malas notas este semestre. (estudiar)

   Dudamos que _____

   _____

2. Me sorprende que me hayan cobrado una multa. (pagar la cuenta)

   No creemos que _____

   _____

3. ¡Es imposible que haya reprobado la clase de física! (no asistir a clase mucho)

   Es probable que _____

   _____

4. ¡No sabía que había gastado tanto dinero! (manejar las finanzas a menos que aprender a controlar los gastos)

   Es imposible que _____

   _____

Original content Copyright © Holt McDougal. All rights reserved. Additions and changes to the original content are the responsibility of the instructor.

Gramática

UNIDAD 4 LECCIÓN 2

El imperfecto del subjuntivo

| **¡Avanza!** | **Goal:** Use the imperfect subjunctive. |

1 Completa las oraciones con la opción apropiada.

_____ 1. El profesor sintió mucho que todos _____ el examen final.

         a. aprobaran   b. reprobaran

_____ 2. Es fenomenal que tantas personas _____ en esa clase de literatura.

         a. se inscribieran   b. se atrasaran

_____ 3. No había nadie que _____ del presupuesto.

         a. se graduara   b. se pasara

_____ 4. El consejero financiero sugirió que _____ las deudas.

         a. pagáramos   b. aumentáramos

_____ 5. Era imprescindible que los estudiantes _____ a cada clase.

         a. asistieran   b. abandonaran

2 Completa el diálogo con la forma correcta del imperfecto del subjuntivo.

Dinora   ¿Has oído lo que le pasó a Enrique?

Amalia   ¡Pues, sí! Me sorprendió que la situación (1) _____ (ser) tan grave. No puedo creer que (2) _____ (tener) que vender la casa de sus padres y que ya no tenga dónde vivir.

Dinora   Pero, es imposible que (3) _____ (perder) tanto dinero.

Amalia   Bueno, como sus padres murieron hace poco, no había nadie que le (4) _____ (aconsejar) en cuanto a las finanzas. Aunque había heredado un montón de dinero, no sabía manejarlo.

Dinora   El abogado le pidió que (5) _____ (pagar) las deudas de sus padres antes de que él (6) _____ (gastar) lo demás, pero parece que Enrique no le hizo caso.

Amalia   Además, ¿no habían querido los padres que él (7) _____ (inscribirse) en la universidad?

Dinora   ¡Es verdad! Querían que (8) _____ (especializar) en administración de empresas. ¡Fíjate que ya no le queda dinero!

Original content Copyright © Holt McDougal. All rights reserved. Additions and changes to the original content are the responsibility of the instructor.

3 Escribe oraciones con las palabras dadas. Usa el imperfecto del subjuntivo con los verbos apropiados.

1. yo / buscar / clase / francés / no empezar / 8:00 / mañana

_____

_____

2. sorprenderles / mis padres / mi hermano / reprobar / clase de arte

_____

_____

3. la administración / avisar / cobrar multa / a menos que / todos / pagar la matrícula / antes de / fecha de vencimiento

_____

_____

4. mi consejero / insistir en / tomar / curso de física / aunque / yo / no querer

_____

_____

5. no haber nadie / inscribirse / curso de matemáticas / profesor Matías

_____

_____

6. profesor / decirnos / todos / aprobar / examen parcial / con tal de que / estudiar

_____

_____

4 Contesta las siguientes preguntas con oraciones completas.

1. Cuando tenías diez años, ¿a quién conocías que asistiera a la universidad?

_____

2. ¿Dudas que tus padres sacaran buenas notas en la universidad? ¿Por qué?

_____

3. De niño(a), ¿en qué insistían tus padres que hicieras?

_____

4. ¿Hay alguien en tu familia que sacara el doctorado?

_____

5. ¿Qué te recomendó el (la) consejero(a) la última vez que se reunieron?

_____

Original content Copyright © Holt McDougal. All rights reserved. Additions and changes to the original content are the responsibility of the instructor.

Integración: Hablar

Imagina que eres consejero(a) en una universidad. Linda, una estudiante, te ha pedido que le aconsejes sobre qué programa de verano debe hacer. Piensa hacer un programa relacionado con sus especialidades: la medicina y el español. Lee sobre un curso en el extranjero. Después, escucha el mensaje que te dejó Linda sobre otro programa.

Fuente 1 Leer

Lee la página Web sobre un curso de español para extranjeros.

Cursos de verano para extranjeros

Bienvenido a la página de información sobre cursos de español para extranjeros de la Universidad Central.

Cursos de verano

- Estos cursos se imparten de lunes a viernes durante los meses de junio, julio y agosto. Los alumnos tienen 3 horas diarias de clase: 2 horas de lengua y 1 hora de conversación.

- Se ofrecen cursos para los niveles básico, medio y superior. Para los alumnos a nivel medio y/o superior, se ofrecen también cursos especializados en español comercial y en español médico.

- La Universidad ofrece también actividades culturales para los alumnos inscritos en los cursos de español, como fiestas, visitas y excursiones.

- Para más información sobre la matrícula, los exámenes, el diploma y las fechas, haz clic aquí.

Fuente 2 Escuchar WB CD 2 Track 05

Escucha el mensaje que te dejó Linda sobre un programa de voluntariados y toma apuntes.

_____

_____

_____

_____

Hablar

¿Qué le dices a Linda? ¿Qué programa le recomiendas que haga? ¿Por qué?

modelo   Linda, me parece muy bien que hayas investigado varios programas para el verano. Me parece que debes... a fin de que...

Original content Copyright © Holt McDougal. All rights reserved. Additions and changes to the original content are the responsibility of the instructor.

Integración: Escribir   UNIDAD 4 LECCIÓN 2

Es tu primer semestre en la universidad y estás aprendiendo a manejar tus finanzas. Primero lee el presupuesto de un estudiante típico de tu universidad. Después escucha los consejos que te dieron en el centro estudiantil. Luego escribe tu plan financiero para este semestre.

Fuente 1 Leer

Lee el presupuesto para un estudiante típico que asiste a la misma universidad que tú.

Presupuesto del primer semestre

Gastos	Ingresos
Matrícula: $3.600	Trabajo de medio tiempo en la
Libros: $800	universidad $2.000
Alquiler: $2.500	Beca $1.800
Comida: $1.800	Préstamo estudiantil $2.700
Pago y seguro de automóvil: $3.000	Dinero de los padres $3.000
Teléfono celular: $300	
Entretenimiento: $1.000	

Fuente 2 Escuchar   WB CD 02 Track 06

Escucha lo que te aconsejaron sobre las finanzas en el centro estudiantil. Toma apuntes.

_____

_____

_____

Escribir

Escribe tu plan financiero para el semestre. Explica cómo piensas ahorrar dinero, en qué piensas gastarlo y qué vas a hacer para evitar problemas financieros.

modelo   Primero, tengo que... Es posible que... Será importante que... cuando...

_____

_____

_____

_____

_____

_____

Original content Copyright © Holt McDougal. All rights reserved. Additions and changes to the original content are the responsibility of the instructor.

Escuchar

WB CD 2 Tracks 07, 08

¡Avanza! **Goal:** Listen to people talk about college and finances.

1 María habla con Lucio sobre sus planes universitarios. Escucha su conversación y luego completa las siguientes oraciones.

1. María empezará la universidad en el mes de _____.

2. El primer semestre estudiará _____ materias.

3. Mientras esté en la universidad, vivirá en _____.

4. Quiere obtener su licenciatura en _____ años.

5. La meta final de sus estudios es obtener _____.

2 Esteban va al banco a pedir un préstamo. Escucha el diálogo y luego contesta las preguntas.

1. ¿Para qué necesita un préstamo Esteban?

_____

_____

2. ¿Para qué le sirve la beca que le dieron?

_____

_____

3. ¿Qué interés le cobra el banco por el préstamo?

_____

_____

4. ¿Quiénes le sugieren a Esteban que trabaje?

_____

_____

5. ¿Qué debe llevar Esteban al banco al día siguiente?

_____

_____

Original content Copyright © Holt McDougal. All rights reserved. Additions and changes to the original content are the responsibility of the instructor.

Leer

> ¡Avanza! **Goal:** Read about course offerings at a Latin American university.

Lee este plan de estudios que ofrece una universidad chilena y haz las actividades.

La facultad de Historia y Ciencias Políticas ofrece dos licenciaturas, las cuales tienen una duración de 8 semestres académicos (4 años). La licenciatura en Ciencias Políticas conduce a un título profesional.

Cada año ingresan más de 150 alumnos que aprueban la Prueba de Selección Universitaria. Para el semestre entrante hay 73 vacantes. En caso de que haya más candidatos que puestos, los que no son aceptados podrán apuntarse en la lista de espera.

De acuerdo con las direcciones del Plan de Formación, cada licenciatura tiene un carácter interdisciplinario, que se basa en que cada estudiante curse 140 créditos en materias básicas y electivas en otras disciplinas distintas. Además, debe cursar 40 créditos en clases especializadas.

Una vez finalizados sus estudios de licenciatura, el estudiante estará capacitado para participar en investigaciones, incorporarse a equipos dedicados a la administración y cuidado del patrimonio cultural, así como iniciar el desarrollo de una carrera profesional en instituciones culturales como bibliotecas, museos y centros culturales.

¿Comprendiste?

Lee el plan de estudios. Luego decide si las oraciones son **ciertas** o **falsas.**

_____ 1. Una persona que saca la licenciatura de esta universidad puede trabajar como bibliotecario.

_____ 2. El plan de estudios de esta facultad debe ser muy especializado.

_____ 3. Es posible que haya más personas que quieren ingresar que puestos disponibles.

_____ 4. Según el plan, si una persona quisiera estudiar una lengua extranjera, podría tomar cursos sin atrasarse.

_____ 5. Para completar la licenciatura, un estudiante tendrá que completar 180 créditos.

¿Qué piensas?

¿Crees que la licenciatura que ofrece esta universidad es competitiva? ¿Por qué?

_____

_____

_____

Original content Copyright © Holt McDougal. All rights reserved. Additions and changes to the original content are the responsibility of the instructor.

Escribir

> **¡Avanza!** **Goal:** Begin the college application process.

Step 1

Quieres ingresar a una universidad y tienes que escribirle una carta a la directora de la facultad donde quieres estudiar. Haz una lista de tres cualidades que te hacen un(a) buen(a) candidato(a) y de tres preguntas que tienes en cuanto a la vida estudiantil.

Cualidades	Preguntas
1.	1.
2.	2.
3.	3.

Step 2

Escribe una carta en la que te presentes como candidato(a). Haz las preguntas que tienes en cuanto al plan de estudios y los requisitos.

_____

_____

_____

_____

_____

_____

_____

_____

_____

_____

Step 3

Evaluate your writing using the information in the table.

Writing Criteria	Excellent	Good	Needs Work
Content	Your paragraph includes many details and relevant vocabulary.	Your paragraph includes some details and relevant vocabulary.	Your paragraph includes few details and relevant vocabulary.
Communication	Your paragraph is organized and easy to follow.	Much of your paragraph is organized and easy to follow.	Your paragraph is disorganized and hard to follow.
Accuracy	Your paragraph has few mistakes in grammar and vocabulary.	Your paragraph has some mistakes in grammar and vocabulary.	Your paragraph has many mistakes in grammar and vocabulary.

Original content Copyright © Holt McDougal. All rights reserved. Additions and changes to the original content are the responsibility of the instructor.

Cultura

| ¡Avanza! | Goal: Review the cultural information contained in this unit. |

1 La familia, la sociedad y la universidad Indica si las siguientes oraciones son **ciertas** o **falsas.**

_____ 1. Tanto en los países hispanos como en Estados Unidos los jóvenes se independizan de sus padres al ingresar en la universidad.

_____ 2. La urbanización no ha afectado mucho a las ciudades latinoamericanas, las cuales ya eran muy grandes.

_____ 3. Cuesta mucho asistir a las universidades públicas en Latinoamérica.

_____ 4. En los países hispanos, los exámenes de ingreso son diferentes para cada universidad.

2 Programas y escuelas de ayuda social Completa las siguientes oraciones.

1. _____ colabora con CE-MUJER para asegurar que las mujeres reciban una educación y entrenamiento laboral.

2. VE Global ayuda a jóvenes a evitar _____, _____ y _____.

3. Si no existiera el programa Mano a Mano, habría más problemas con el _____ y el _____.

4. Tanto en Bolivia como en El Caribe, la _____ es un problema social que provoca otros problemas.

3 Dos escritoras Contesta las siguientes preguntas.

1. ¿A qué se refiere la frase «la primera oleada»? ¿Cómo se la ve reflejada en la obra de Josefina González? _____

_____

2. En el poema «A Julia de Burgos», ¿por qué se habla la poeta a sí misma?

_____

_____

4 Los dichos Menciona un dicho hispano que habla del dinero y compáralo con un dicho en inglés que tenga un significado parecido.

_____

_____

_____

Original content Copyright © Holt McDougal. All rights reserved. Additions and changes to the original content are the responsibility of the instructor.

Actividades de video

¿Hay boda o no hay boda?

Mientras ves el video

¿Cuáles son los conflictos? Mientras ves el video, identifica los varios conflictos entre los personajes y cómo se resuelven.

Conflicto entre: _____

Resolución: _____

Conflicto entre: _____

Resolución: _____

Después de ver el video

¿Qué me dices? Según las conversaciones del video, empareja lo que dicen los personajes.

_____ 1. ¡No nos vamos a casar!

_____ 2. Ojalá que los invitados lleguen a tiempo.

_____ 3. Es cuestión de psicología.

_____ 4. La madre es odiosa.

_____ 5. ¡No tengo nada de experiencia!

a. Al contrario. Ya fuiste novio.
b. Vienen a las siete a planear la boda.
c. ¿Qué dices? ¡No es mala!
d. Sé paciente. Es buen hombre.
e. ¿Por qué no planeamos la boda?

¿Qué opinas tú? La madre y el abuelo de Gloria tratan de apaciguarla, pero de manera distinta. ¿Qué le dice la madre? ¿El abuelo? De los dos, ¿quién resolvió el problema? ¿Fue honesto lo que hizo? Explica tu respuesta y da ejemplos del video para apoyar tu opinión.

_____

_____

_____

_____

_____

_____

_____

_____

_____

Original content Copyright © Holt McDougal. All rights reserved. Additions and changes to the original content are the responsibility of the instructor.

Vocabulario

¡Avanza! **Goal:** Talk about artistic and musical interests.

1 Emparcja las definiciones con las palabras apropiadas.

_____ 1. un borrador de la obra final

_____ 2. donde pinta un pintor

_____ 3. un instrumento de cuerda

_____ 4. una pintura a base de aceite

_____ 5. un conjunto de tambores y platillos

_____ 6. una obra que muestra cosas como frutas, flores y objetos

a. el óleo
b. la batería
c. cl bosquejo
d. la tela
e. la naturaleza muerta
f. el contrabajo

2 Completa el párrafo con las palabras apropiadas del recuadro.

una acuarela	un autorretrato	genial
impresionista	sinfónica	clásica

Mi tía Clara era pintora, y una persona muy talentosa a quien le interesaban

muchas cosas. Siempre me encantó pasar un rato en su casa, mirando sus

pinturas. La más (1) _____ era

(2) _____ de girasoles, pero también me gustaba mucho

(3) _____ pintado al óleo. Pintaba con un estilo

(4) _____. Me acuerdo de muchas tardes que pasé con ella,

dibujando y escuchando música (5) _____. Hoy en día no

pinto ni dibujo, pero sí toco bien el violín, y quiero tocar en una orquesta

(6) _____ algún día. El amor que tengo por las artes me

vendrá de mi tía, ¿no te parece?

3 Contesta las siguientes preguntas con una oración completa.

1. ¿Qué estilo de pinturas te gusta más? ¿Por qué?

_____

_____

2. ¿Cuál es el tipo de música que más te gusta? ¿Qué instrumentos sc usan para hacer csa música?

_____

_____

Original content Copyright © Holt McDougal. All rights reserved. Additions and changes to the original content are the responsibility of the instructor.

Gramática

El futuro perfecto y el condicional perfecto

> **¡Avanza!** **Goal:** Learn the uses of the future perfect and conditional perfect tenses.

1 Completa las oraciones con la opción apropiada.

_____ 1. Después de esta visita al Museo del Prado, _____ las obras maestras de muchos pintores españoles.

        a. habremos conocido   b. habríamos conocido

_____ 2. Como tú has estado aquí varias veces, ya _____ muchas de ellas.

        a. habrás visto   b. habrías visto

_____ 3. Esta vez yo veré *Las meninas*, el cuadro más famoso de Velázquez; lo _____ la última vez que estuve ¡pero se me acabó el tiempo!

        a. habré visto   b. habría visto

_____ 4. Para cuando nos encontremos con mis padres en el hotel a las tres, _____ casi cinco horas viendo obras de arte.

        a. nos habremos pasado   b. nos habríamos pasado

_____ 5. Me parece que yo mismo _____ pintar cuadros si en mi ciudad hubiera un museo como El Prado, que me sirviera de inspiración.

        a. habré intentado   b. habría intentado

2 Para cada pregunta u oración, escribe una oración completa que sirva de explicación. Usa las pistas y una forma del futuro perfecto.

1. ¿Por qué recién empezó Juan a pintar acuarelas? (cansarse de pintar al óleo)

_____

2. Mira, Heleana tiene la ropa llena de pintura. (estar pintando)

_____

3. ¿Cómo aprendieron a tocar tan bien juntos Ramiro y Daniel? (ensayar mucho)

_____

4. ¿Por qué no se usaron los amplificadores en el concierto de jazz? (sonidista / tener problemas)

_____

5. Después de su visita a Madrid David empezó a interesarse por la pintura. (estar en el Museo del Prado)

_____

Original content Copyright © Holt McDougal. All rights reserved. Additions and changes to the original content are the responsibility of the instructor.

3 Nadie entre tus amigos pudo ir al festival de música latina. Usa las pistas para escribir lo que las personas indicadas habrían hecho allá.

1. ustedes / intentar / ver / bailes folclóricos

_____

2. Marta / comprar / boletos / ver / el grupo «Los tigres del sur»

_____

3. mi mejor amiga y yo / buscar / concierto de vallenato

_____

4. yo / pedirle / autógrafo / a / cantante favorito de ranchera

_____

5. tú / subir / el volumen / amplificadores

_____

6. Javier y Ramiro / dormir / durante / concierto de jazz latino

_____

4 Escribe lo que las siguientes personas habrán hecho (o no) para las fechas indicadas.

1. Para el final de este semestre, mis compañeros de clase y yo…

_____

2. Para el fin de semana, yo…

_____

3. Para el próximo año, mi mejor amigo(a)…

_____

4. En diez años, mis amigos y yo…

_____

5. Para cuando me gradúe del colegio, yo…

_____

Original content Copyright © Holt McDougal. All rights reserved. Additions and changes to the original content are the responsibility of the instructor.

Gramática

UNIDAD **5** LECCIÓN **1**

Los pronombres de relativo

| ¡Avanza! | **Goal:** Learn the uses of relative pronouns. |

1 Completa las oraciones con la opción apropiada.

_____ 1. Una acuarela _____ pintó mi mamá va a estar en una exhibición.

        a. quien   b. lo que   c. que

_____ 2. Esos cantantes, _____ son de Colombia, han tenido mucho éxito aquí.

        a. la que   b. quien   c. quienes

_____ 3. El famoso cuadro «Las meninas» fue pintado por Velázquez, sobre _____ acabamos de leer en la clase de historia.

        a. lo cual   b. el cual   c. que

_____ 4. La señora a _____ conociste es cantante de rap.

        a. las que   b. cual   c. quien

_____ 5. En el periódico dicen que el concierto estuvo fatal, _____ no es verdad. Al contrario, ¡estuvo genial!

        a. la cual   b. lo cual   c. el que

2 Completa el diálogo con un pronombre de relativo apropiado.

Galerista   Buenas tardes. ¿Puedo ayudarla en algo?

Laura   Sí, busco cuadros de una pintora de (1) _____ leí en el periódico de hoy. La pintora, (2) _____ es de México, se llama Rosalía Samaniego.

Galerista   Claro, tengo varios cuadros de ella. Todos se venden muy rápido, (3) _____ me encanta. Aquí tienes un óleo abstracto.

Laura   Hmm. Me gusta, ¿pero no tienen cuadros de ella (4) _____ no sean tan abstractos?

Galerista   Claro, tengo varios más, (5) _____ usted encontrará aquí en esta pared.

Laura   Ah, sí, ya veo. Ésta de aquí, la naturaleza muerta, está genial. Creo que es uno de los cuadros acerca de (6) _____ escribieron en el periódico. ¡Me encanta!

Galerista   Si quiere, le enseño otros (7) _____ son del mismo estilo.

Laura   No, gracias. Ya he encontrado el que más me gusta, (8) _____ es un milagro. ¡Soy muy exigente con el arte!

Original content Copyright © Holt McDougal. All rights reserved. Additions and changes to the original content are the responsibility of the instructor.

GRAMÁTICA   UNIDAD **5** LECCIÓN **1**

3 Todos tenemos una opinión sobre el arte y la música. Usando pronombres de relativo, une las dos oraciones para formar una nueva.

1. Me gustaron las acuarelas de ese pintor. Él es cubano.

_____

2. Yolanda fue a ver el grupo «Sueño andino». Yo te hablaba de ese grupo.

_____

3. El instructor es muy bueno. Daniela toma clases de arpa con él.

_____

4. Martín se negó a tocar el saxofón en público. Eso no me sorprendió.

_____

5. El concierto estuvo genial. Fuimos al concierto el sábado.

_____

6. Ese cuadro de Goya está en El Prado. El cuadro es de la familia real.

_____

7. Los músicos son talentosos. Toco el acordeón con ellos.

_____

4 Contesta las preguntas con una oración y usando por lo menos un pronombre de relativo.

1. ¿Con quién almorzaste hoy? ¿Cuánto hace que conoces a esa persona?

_____

2. De todos tus amigos ¿quién tiene más talento artístico?

_____

3. ¿Cuál es la persona con quien más hablas?

_____

4. ¿Cuándo te gradúas? ¿Qué te parece eso?

_____

_____

Original content Copyright © Holt McDougal. All rights reserved. Additions and changes to the original content are the responsibility of the instructor.

Integración: Hablar

Tu profesor de arte te ha recomendado que tomes unas clases de arte extras. Te gusta la idea, pero necesitas una clase que corresponda a tu presupuesto y horario y aún no sabes qué clase sería la mejor opción. Lee la descripción de una clase y después escucha el anuncio sobre otra posibilidad. Luego, habla de las clases con tu profesor.

Fuente 1 Leer

Lee la descriptión de una clase de pintura.

Clases de arte

Empieza hoy la matrícula para clases de primavera en la escuela del Museo de Arte. Inscríbase ahora y aprenda con los profesores de arte más destacados de la ciudad.

Clases de pintura:

Pintura Nivel 1

Para principiantes que deseen aprender las técnicas básicas de pintura al óleo y a la acuarela. Se darán sesiones en pintura realista, impresionista y surrealista. Los estudiantes tendrán la oportunidad de pintar naturalezas muertas y paisajes. El proyecto final será un retrato.

Horario: La clase se reúne sábados y domingos de 9 a 12 h., desde el 14 de marzo hasta el 26 de abril (14 sesiones).

Costo: Socios del Museo: $320.00

Estudiantes menores de 18 años: $300.00

Otros: $350.00

Otra información: Cada estudiante necesita comprar una paleta, un juego de pinceles y un juego de pinturas al óleo. Se proveerán telas y acuarelas.

Fuente 2 Escuchar WB CD 2 Track 9

Escucha el anuncio en la radio sobre otra clase de arte y toma apuntes.

_____

_____

_____

Hablar

Ahora habla con tu profesor sobre las dos clases. Descríbele las ventajas y desventajas de cada una y explícale cuál de las dos prefieres y por qué.

modelo   Profesor Duarte, quería hablar con usted sobre las clases de arte.
Hay dos opciones... Lo que me gustó de... La que prefiero es...

Original content Copyright © Holt McDougal. All rights reserved. Additions and changes to the original content are the responsibility of the instructor.

Integración: Escribir

Vas a ir a un festival de música en tu ciudad este fin de semana. Primero lee el programa para el viernes. Después, escucha la entrevista en la radio con la directora del festival. Luego, escríbele un correo electrónico a tu amigo(a) sobre el festival.

Fuente 1 Leer

Lee el programa para el festival de música para el viernes.

FESTIVAL DE MÚSICA DE LA PRIMAVERA

PALACIO DE DEPORTES   VIERNES A DOMINGO, 21–23 DE MARZO

Disfruta de tres días de grandes fiestas, grandes músicos y conciertos que son cita obligatoria.
Las entradas serán de $70.00 de venta anticipada y de $90.00 en la taquilla.

Cartel de conciertos, viernes 21 de marzo

7:00 Pseudónimo El conjunto puertorriqueño presentará su nuevo disco 'Nada más que un sueño' en el que ofrecen una fusión del hip-hop latino, reggaetón y pop. Ven a ver por qué este grupo sigue siendo una de las bandas más exitosas del país.

9:00 Esmeralda Vargas Osadas interpretaciones de jazz y blues por la afamada cantante colombiana Esmeralda Vargas. Ofrece un programa de canciones y temas recogidos de todos sus discos. Esta gran diva será acompañada en el escenario por el pianista Lucas Osorio.

11:00 Beni y los Salvajes Después de un año de descanso, este grupo venezolano vuelve al escenario con su nuevo trabajo discográfico. Tocan una contagiosa mezcla de afropop, onda nueva, Latin Jazz y flamenco. Es una música que traspasa todas las fronteras y que nos hace bailar.

Fuente 2 Escuchar   WB CD 02 Track 10

Escucha la entrevista con la directora del festival. Toma apuntes.

_____

_____

_____

Escribir

Es el día después del festival. Escríbele un e-mail a tu amigo(a). Dile qué grupos viste en el festival, qué más hiciste, cómo estuvo todo y lo que le habría gustado a él (ella).

modelo   Jaime, te habría encantado el festival de música. Este año fui a…
             Lo que más me impresionó fue… Seguro que habrías ido a…

_____

_____

_____

_____

_____

Original content Copyright © Holt McDougal. All rights reserved. Additions and changes to the original content are the responsibility of the instructor.

Escuchar

UNIDAD **5** LECCIÓN **1**

WB CD 2 Tracks 11, 12

| ¡Avanza! | **Goal:** Listen to people talk about painting and music. |

1 Diego y Sabina están en una exposición de jóvenes pintores latinoamericanos. Escucha su conversación y luego completa las oraciones con la opción apropiada.

_____ 1. Los cuadros que más le gustan a Sabina están pintados con _____.

    a. estilo impresionista   b. un pincel muy grande c. estilo surrealista

_____ 2. A Diego le parece que al pintor Arango le faltaba _____.

    a. talento   b. una tela de tamaño normal c. su propia galería

_____ 3. A Diego le gustan _____ de la pintora Cristina Reyes Valderrama.

    a. las naturalezas muertas   b. los óleos   c. los autorretratos

_____ 4. Diego se habría comprado _____ de Reyes Valderrama, pero cuesta demasiado.

    a. la acuarela   b. un bosquejo   c. la paleta

_____ 5. Los dos van a la caja para buscar _____.

    a. más cuadros   b. algo de comer   c. lo que compró Diego

2 Adán y Leticia están hablando del festival de música al que asistieron durante el fin de semana. Escucha su conversación y luego contesta las preguntas.

1. ¿Qué esperaba ver Adán en el festival? ¿Por qué?

_____

_____

2. ¿Qué opinan los dos del grupo de jazz? Según ellos, ¿qué músico tocó mejor?

_____

_____

3. ¿Qué opina Leticia del grupo irlandés?

_____

_____

4. ¿Por qué les parecen tan buenos los miembros del grupo irlandés?

_____

_____

5. ¿Qué hizo el amigo de Adán en el festival?

_____

_____

Original content Copyright © Holt McDougal. All rights reserved. Additions and changes to the original content are the responsibility of the instructor.

Leer

¡Avanza! **Goal:** Read about paintings and art.

Lee esta reseña de un nuevo museo en Buenos Aires, Argentina.

Reseña del nuevo *Museo de pintura moderna «Xul Solar»*

El nuevo *Museo de pintura moderna «Xul Solar»* se inauguró el 14 de diciembre de 2009, en homenaje a un aniversario más del nacimiento del gran pintor argentino (nacido en 1887 bajo el nombre Óscar Agustín Alejandro Schulz Solari). Se decidió nombrar este pequeño museo con el nombre de este pintor en reconocimiento a su gran relevancia en la herencia cultural de la ciudad de Buenos Aires. Antes de inaugurarse como museo con sus nuevas modalidades constructivas era el renombrado Teatro Ramisleysis.

El museo cuenta con 14 salas para albergar su colección permanente, las cuales se organizan por época y estilo. Así hay salas que representan obras en los varios estilos, tales como el impresionista, el cubista, el surrealista, el abstracto, etc. En la colección permanente, de especial interés son los autorretratos, sobre todo los de la pintora mexicana Frida Kahlo y del colombiano Fernando Botero. También cabe mencionar la colección de 12 bosquejos de los primeros años de la carrera del pintor español Joan Miró. Los artistas argentinos están especialmente bien respresentados en el museo; entre éstos se destacan dos óleos del argentino Carlos Gorriarena y dos de Xul Solar.

El museo también presenta actividades como talleres, conferencias, y exposiciones mostrando el talento artístico de los estudiantes de la Escuela de Arte «Francisco Goya» y la Academia de Bellas Artes «Pueyrredón». A partir del 15 de abril, cada semana en el taller del Museo se ofrecerán varias clases de pintura (al óleo, a la tempera y a la acuarela) al nivel principiante, intermedio y avanzado.

¿Comprendiste?

Decide si las oraciones son **ciertas** (C) o **falsas** (F), según la lectura.

_____ 1. La colección de obras de este museo consiste en cuadros.

_____ 2. El museo se creó principalmente para presentar las obras del pintor argentino Xul Solar.

_____ 3. Según la reseña, son muy notables las naturalezas muertas del museo.

_____ 4. La pintora Frida Kahlo habrá pintado por lo menos un autorretrato.

_____ 5. En el artículo se recomiendan los bosquejos de Joan Miró, los cuales hizo cuando era joven.

¿Qué piensas?

¿Qué museo de arte has conocido tú? ¿Qué tipos de obras contiene y cómo se organizan?

_____

_____

Original content Copyright © Holt McDougal. All rights reserved. Additions and changes to the original content are the responsibility of the instructor.

Escribir

¡Avanza! **Goal:** Write a review.

Step 1

Quieres escribir una breve reseña *(review)* de una actuación musical. Apunta
información sobre los elementos que quieres incluir.

Elementos básicos
1. Banda o grupo / Tipo de música:
2. Músicos / Cantantes:
3. Instrumentos musicales:
4. Otros detalles:

Step 2

Escribe tu reseña. Debes incluir el nombre del grupo, la clase de música que toca, los
músicos y cantantes que tocan y sus instrumentos. Di también cómo tocaron y dile al
lector qué le habría parecido la música del grupo.

_____

_____

_____

_____

_____

_____

_____

_____

Step 3

Evaluate your writing using the information in the table.

Writing Criteria	Excellent	Good	Needs Work
Content	Your paragraph includes many details and relevant vocabulary.	Your paragraph includes some details and relevant vocabulary.	Your paragraph includes few details and relevant vocabulary.
Communication	Your paragraph is organized and easy to follow.	Much of your paragraph is organized and easy to follow.	Your paragraph is disorganized and hard to follow.
Accuracy	Your paragraph has few mistakes in grammar and vocabulary.	Your paragraph has some mistakes in grammar and vocabulary.	Your paragraph has many mistakes in grammar and vocabulary.

Original content Copyright © Holt McDougal. All rights reserved. Additions and changes to the original content are the responsibility of the instructor.

Vocabulario

> **¡Avanza!** **Goal:** Talk about sculpture, literature, and arts-related activities

1 Empareja las definiciones con las palabras adecuadas.

a. la maza	
b. el (la) dramaturgo(a)	
c. la ebanistería	
d. la contratapa	
e. el yeso	

_____ 1. material blanco más común para esculpir

_____ 2. martillo para golpear el cincel

_____ 3. parte posterior de un libro

_____ 4. escritor(a) de obras de teatro

_____ 5. fabricación artesanal de muebles de madera

2 Completa el diálogo con la palabra apropiada del recuadro.

orfebrería	novelista	cincel	trama	dramaturga
novelas	yeso	ebanistería	escultura	ciencia ficción

Mariana Hola, Arturo. ¿Qué estás leyendo?

Arturo Es un folleto del Instituto Cultural. Mis padres quieren que tome un curso de arte, pero no sé qué me gusta.

Mariana ¡Qué bien! Bueno, te gusta tallar, ¿no? ¿Por qué no tomas un curso de (1) _____?

Arturo ¿Tú crees? No sé. El Instituto Cultural también ofrece cursos de escritura. Puedo estudiar para ser (2) _____.

Mariana Pero Arturo, si tú ni siquiera puedes seguir la (3) _____ de un cuento. Nunca sabes qué pasa.

Arturo Tienes razón, pero no quiero tallar en madera. Tal vez pueda tomar un curso de (4) _____. Me gusta mucho la idea moldear el barro.

Mariana Yo tomaría un curso de (5) _____. Me fascina la idea de trabajar con los metales, come el bronce.

Arturo Pero tú sí sabes escribir bien. Y como eres fanática de la fantasía y de la (6) _____, puedes escribir buenas (7) _____.

Mariana Gracias, pero si yo me dedico a la escritura, prefiero ser (8) _____ porque me gustan las obras de teatro.

Original content Copyright © Holt McDougal. All rights reserved. Additions and changes to the original content are the responsibility of the instructor.

Gramática

UNIDAD **5** LECCIÓN **2**

La voz pasiva, se pasiva, se impersonal

> **¡Avanza!** **Goal:** Use the passive voice, passive **se,** and impersonal **se**

1 Escoge el verbo o frase verbal que mejor completa las oraciones.

1. Esta estatua, que (esculpió / fue esculpida) por Tomás, es muy bonita.

2. (Va a exhibir / Se va a exhibir) la estatua en la exposición mundial la semana que viene.

3. (Se vende / Se venden) las entradas para la exposición en Internet.

4. Todas las entradas ya (se compraron / fueron compradas) por los amigos de Tomás.

5. Cuando ustedes vayan a la exposición, recuerden que (entra / se entra) a la galería por la puerta principal.

2 Vuelve a escribir las oraciones en voz pasiva.

1. Juan Carlos moldeó este busto.

   _____

2. Los estudiantes dibujarán dos bosquejos para la clase de arte.

   _____

3. Los profesores mostrarán los bosquejos de los estudiantes en los salones.

   _____

4. Los egipcios construyeron las pirámides de Giza.

   _____

5. Guiseppe Verdi compuso la ópera Rigoletto en 1851.

   _____

6. Nora diseñó esta página Web el semestre pasado.

   _____

7. María Elena escribió este ensayo, que es muy interesante.

   _____

Original content Copyright © Holt McDougal. All rights reserved. Additions and changes to the original content are the responsibility of the instructor.

3 Completa las oraciones con la forma correcta del verbo entre paréntesis. Usa se pasiva o se impersonal.

Inés Hola, Enrique. ¿Oíste? Ya (1) _____ (abrir) la nueva exposición de arte en el auditorio. ¿Quieres ir?

Enrique Claro que sí. Pero primero tengo que buscar algo para comer. Y no (2) _____ (permitir) comer en el auditorio.

Inés No es cierto. ¿No te acuerdas? Esa regla (3) _____ (cambiar) el año pasado.

Enrique ¿De veras? No lo sabía. ¿Quién la cambió?

Inés No (4) _____ (saber), pero si tú pasas por el auditorio ya no (5) _____ (ver) los avisos.

Enrique Muy bien. Vamos a pasar por una máquina para comprarme unos pastelitos y un jugo.

Inés Bueno, eso sí que es un problema, porque ahora (6) _____ (prohibir) las máquinas.

Enrique ¿En serio? Pues, ¿dónde (7) _____ (comprar) la comida?

Inés (8) _____ (tener) que ir a la cafetería, pero ya está cerrada.

4 Para cada oración, expresa una conclusión lógica usando la voz pasiva, se pasiva o se impersonal del verbo entre paréntesis.

1. Estamos muy lejos del escenario. (ver / a los actores)

   _____

2. El terremoto fue el más fuerte del siglo. (ciudad / destruir)

   _____

3. No hay salones en donde ensayar en la planta baja. (ensayar / arriba)

   _____

4. Estamos en San Francisco, pero en el barrio chino. (hablar / chino)

   _____

Original content Copyright © Holt McDougal. All rights reserved. Additions and changes to the original content are the responsibility of the instructor.

Gramática

Se para acontecimientos no intencionales

¡Avanza!	**Goal:** Use **se** for unintentional events

1 Completa las oraciones con el pretérito del verbo entre paréntesis para expresar los acontecimientos no intencionales.

1. A Jaime se le _____ (perder) los libros.

2. Se nos _____ (quedar) las llaves en el carro.

3. Ya no tenemos pintura. Se nos _____ (acabar) esta mañana.

4. ¿A ti se te _____ (romper) la paleta?

5. ¿Qué pasó? ¿Se te _____ (caer) la maza?

6. A Jesús y a Sara se les _____ (olvidar) la trama del cuento.

2 Completa el diálogo con se y el pronombre de complemento correcto.

Bárbara   Hola, Julio. ¿Cómo saliste en la clase de arte?

Julio   ¡Ay, pésimo! Déjame contarte lo que pasó. Juan se sentó junto a mí e hizo mucho ruido. (A él) (1) _____ cayeron los cinceles muchas veces.

Bárbara   Pero, ¿qué tal las obras de arte en que trabajaban?

Julio   Sí, sí. Primero al comenzar, a mí (2) _____ acabó la pintura. Entonces, fui para buscar más, pero (3) _____ rompió el frasco.

Bárbara   Qué mala suerte.

Julio   Y teníamos que traer una foto para usar como modelo y (4) _____ olvidó.

Original content Copyright © Holt McDougal. All rights reserved. Additions and changes to the original content are the responsibility of the instructor.

3 Escribe oraciones con estas palabras para expresar los eventos no intencionales.

1. a Felipe / descomponerse / el carro / ayer (pretérito)

_____

_____

2. a nosotras / todavía no / acabarse / el yeso (pretérito perfecto)

_____

_____

3. a Julián / ya / perderse / los lentes / tres veces (pretérito perfecto)

_____

_____

4. de niña / a Margarita / olvidarse / hacer la cama / muchas veces (imperfecto)

_____

_____

5. siempre / (a mí) / romperse / los platos / cuando / (yo) cocinar (imperfecto)

_____

_____

6. a Evelyn / caerse / la maza / durante la clase de escultura (pretérito)

_____

_____

4 Completa el diálogo con la palabra apropiada del recuadro.

olvidarse	acabarse	quedarse	romperse	descomponerse

Hoy todo fue un desastre. Primero, me quedé dormida hasta las nueve.
Tengo clase a las ocho y media. Me vestí rápidamente y salí corriendo. Mientras
iba manejando a la escuela, (1) _____ la gasolina. Mi papá
usó el carro ayer y (2) _____ llenar el tanque. Tuve que
dejar el carro y seguir caminando. Mientras iba caminando,
(3) _____ la camisa en un árbol. Llegué tarde a mi primera
clase y luego me di cuenta de que (4) _____ la tarea en casa.

Original content Copyright © Holt McDougal. All rights reserved. Additions and changes to the original content are the responsibility of the instructor.

Integración: Hablar

Estás de viaje en Puerto Rico con tu clase de español. Ayer y hoy fuiste a dos museos. Primero lee sobre el primer museo, el Museo de Arte de Ponce. Después escucha lo que te dijeron durante tu visita al segundo museo, el Museo Pablo Casals. Luego habla con tu profesor de español sobre tus excursiones a los dos lugares.

Fuente 1 Leer

Lee el folleto del Museo de Arte sobre los santos, una escultura típica de Puerto Rico.

La tradición de santos en Puerto Rico

Los santos son una de las artesanías más representativas de Puerto Rico y una tradición de la isla desde el siglo XVI. Para hacer sus figuras, los artesanos, conocidos como santeros, usan barro, oro, piedra o madera. Sus esculturas representan a los santos católicos, como la Virgen María o los Tres Reyes Magos. Originalmente hechos para los altares de las iglesias, los santos luego se convirtieron en objetos de interés artístico para coleccionistas.

Por muchos años el Museo de Arte de Ponce ha exhibido los mejores ejemplos de esta importante herencia cultural. Nuestra colección contiene más de 150 obras, tanto históricas como contemporáneas, producidas por más de 60 santeros. En la exhibición se presenta la evolución de la talla de santos y se exploran las distintas técnicas y materias usadas en su creación.

El Museo tiene como meta la preservación y celebración de esta tradición cultural y artística. A fin de educar al público, el Museo también ofrece demostraciones y clases con santeros en las que los visitantes tienen la oportunidad de esculpir y pintar sus propias figuritas en barro.

Fuente 2 Escuchar WB CD 2 Track 13

Ahora escucha la descripción que hace un guía del Museo Pablo Casals en San Juan. Toma apuntes.

_____

_____

_____

Hablar

Ahora habla con tu profesor de español. Explícale qué viste y qué aprendiste durante tus visitas a los dos museos, qué se puede ver y hacer allí y qué te parecieron.

modelo   Ayer fui al Museo de Arte en Ponce. Vi esculturas…

Original content Copyright © Holt McDougal. All rights reserved. Additions and changes to the original content are the responsibility of the instructor.

Integración: Escribir

Para el proyecto final de la clase de literatura, tienes que escribir un cuento original. El primer paso es hacer un resumen de lo que será el cuento final. Ya tienes hecho el resumen de la primera parte, y tu profesora de literatura te da algunas sugerencias para la segunda parte. Primero, lee tu resumen de la primera parte. Después, escucha los comentarios de tu profesora. Luego, escribe tu plan para el resto de tu cuento.

Fuente 1 Leer

Lee el resumen de la primera parte de tu cuento.

> Mi cuento empieza con la llegada de Esteban, un estudiante de intercambio, que viene a Guatemala a vivir con la familia Gutiérrez. Benito y Alondra Gutiérrez, hijos de la familia, se hacen amigos del nuevo miembro de la familia inmediatamente. Esteban parece ser el muchacho perfecto: es alto, guapo e inteligente; sabe jugar muy bien al fútbol, y pronto se convierte en uno de los chicos más populares del colegio. Sin embargo, poco a poco Benito empieza a notar que Esteban se está comportando de manera muy sospechosa. Después de clases, Esteban parece desaparecer. Se va a nadie sabe dónde, diciendo que tiene mandados que hacer. Benito, alarmado, decide seguirlo a escondidas. Está cada vez más convencido de que Esteban no es lo que parece ser, pero su hermana, sus amigos y su familia no le hacen caso. Un día, Esteban decide ir a ver las ruinas de Tikal. Benito va también, siguiéndolo a distancia en su moto. En la gran plaza de Tikal, Benito ve que Esteban se acerca a un hombre alto y calvo, con lentes de sol, con un aspecto misterioso. Entonces...

Fuente 2 Escuchar WB CD 02 Track 14

Escucha los comentarios que te dio tu profesora. Toma apuntes.

_____

_____

_____

Escribir

Ahora te toca escribir tu resumen de la segunda parte de tu cuento. Debes tener en cuenta tanto los elementos de la primera parte como las sugerencias de tu profesora.

_____

_____

_____

_____

_____

_____

Original content Copyright © Holt McDougal. All rights reserved. Additions and changes to the original content are the responsibility of the instructor.

Escuchar

WB CD 2 Tracks 15, 16

¡Avanza! **Goal:** Listen to people talk about various art classes.

1 Pamela quiere tomar un curso de orfebrería. Escucha un anuncio de una escuela de arte y luego completa las oraciones.

1. Si Pamela toma un curso en las Escuelas Todobello va a mejorar sus

   _____.

2. Al hermano menor de Pamela, que tiene 12 años, le encantan las novelas gráficas. Puede tomar un curso de _____ para aprender a crearlas.

3. La amiga de Pamela ya sabe esculpir bastante bien. Si toma un curso de verano, deber inscribirse en las clases más _____.

4. Se invitarán a _____ para hablar con los estudiantes.

5. Las clases son pequeñas porque se limitan a _____.

2 Edgardo ha tenido un día bastante difícil. Escucha lo que le cuenta a su mamá y luego contesta las preguntas.

1. ¿Por qué llegó Edgardo a la clase de inglés sin tener la tarea preparada?

   _____

   _____

2. ¿Qué le pasó cuando la clase empezó a ensayar la obra teatral?

   _____

   _____

3. ¿Cómo se sintió al terminar el regalo para su padre? ¿Por qué?

   _____

   _____

4. ¿Por qué no entregó el ensayo a tiempo?

   _____

   _____

5. ¿Cómo va a resolver el problema del cuento que se le quedó en clase?

   _____

   _____

Original content Copyright © Holt McDougal. All rights reserved. Additions and changes to the original content are the responsibility of the instructor.

Leer

> **¡Avanza!** **Goal:** Read about a famous Latin American author.

Lee esta biografía sobre Gabriel García Márquez y haz las actividades.

Gabriel García Márquez

Aunque Latinoamérica ha gozado de una larga tradición literaria, a partir de 1960, hubo una época de inmensa creatividad literaria, la llamada «Boom». Muchos autores latinoamericanos llegaron a ser famosos por sus innovaciones narrativas y su representación de la realidad americana. De todos, quizás sea Gabriel García Márquez el que más renombre tiene.

García Márquez nació en Aracataca, Colombia, el 6 de marzo de 1928. Creció con sus abuelos maternos y el vivir con ellos le influyó profundamente. Su abuelo, quien era militar, le contaba los sucesos políticos y sociales del día, mientras su abuela, una mujer supersticiosa que creía en lo sobrenatural, le contaba leyendas, cuentos folclóricos e historias de fantasmas — todo como si existieran de verdad.

García Márquez ingresó en la Universidad Nacional de Bogotá en la Facultad de Derecho, en 1946. No le interesaba el derecho, así que pasaba sus días leyendo literatura, escribiendo artículos para varios periódicos y tratando de escribir y publicar cuentos. Abandonó su carrera, y en 1961 se publicó su primer cuento *El coronel no tiene quien le escriba*. El año siguiente salió publicado *La mala hora*. Pero fue su novela *Cien años de soledad,* publicada en 1967, la que le trajo fama instantánea. En ésta perfeccionó la técnica narrativa del «realismo mágico» que fue inspirada por los cuentos de su abuela. De hecho, esta técnica le ganó el Premio Nóbel de Literatura en 1982.

García Márquez sigue escribiendo, aunque su estilo narrativo ha cambiado. En 2002 publicó su autobiografía, *Vivir para contarlo*.

¿Comprendiste?

Decide si las oraciones son **ciertas** (C) o **falsas** (F), según la lectura.

_____ 1. No hubo muchas obras literarias latinoamericanas antes del «Boom».

_____ 2. Durante el «Boom», los autores experimentaban con la narración.

_____ 3. Además de ser escritor, García Márquez llegó a ser abogado.

_____ 4. Ganó el Premio Nóbel por narrar lo fantástico como si fuera realidad.

_____ 5. Toda la obra de García Márquez consiste en novelas y cuentos.

¿Qué piensas?

¿Crees que hay una división muy fuerte entre lo real y lo sobrenatural? ¿Por qué?

_____

Original content Copyright © Holt McDougal. All rights reserved. Additions and changes to the original content are the responsibility of the Instructor.

Escribir

¡Avanza! **Goal:** Begin a short story.

Step 1

Quieres escribir un cuento para un concurso. Anota información sobre los elementos que quieres incluir.

Elementos básicos
1. Personaje(s):
2. Trama:
3. Escenario:

Step 2

Escribe el primer párrafo de tu cuento. Como cualquier párrafo introductorio, el tuyo debe incluir los nombres de los personajes principales, una descripción del lugar, la hora y la fecha y una descripción o introducción al conflicto.

_____

_____

_____

_____

_____

_____

_____

_____

_____

Step 3

Evaluate your writing using the information in the table.

Writing Criteria	Excellent	Good	Needs Work
Content	Your paragraph includes many details and relevant vocabulary.	Your paragraph includes some details and relevant vocabulary.	Your paragraph includes few details and relevant vocabulary.
Communication	Your paragraph is organized and easy to follow.	Much of your paragraph is organized and easy to follow.	Your paragraph is disorganized and hard to follow.
Accuracy	Your paragraph has few mistakes in grammar and vocabulary.	Your paragraph has some mistakes in grammar and vocabulary.	Your paragraph has many mistakes in grammar and vocabulary.

Original content Copyright © Holt McDougal. All rights reserved. Additions and changes to the original content are the responsibility of the instructor.

Cultura

| ¡Avanza! | **Goal:** Review the cultural information contained in this unit. |

1 Arte a tu propio ritmo Empareja las personas y los lugares en la primera columna con las palabras apropiadas en la segunda.

_____ 1. lugar donde se puede estudiar técnicas artísticas

_____ 2. grupo de músicos mexicanos que han ganado fama mundial

_____ 3. museo español con una colección grande de pinturas y esculturas

_____ 4. una de las más antiguas de Latinoamérica

_____ 5. se le considera el padre del cubismo

a. El Prado
b. Pablo Picasso
c. escuela de arte
d. Biblioteca Nacional de Chile
e. Maná

2 A crear con manos y palabras Completa las siguientes oraciones.

1. Los muralistas mexicoamericanos cuentan la historia de la

_____ y de las _____.

2. _____ es una cantante que ha mezclado la música pop con el flamenco.

3. *Prosas profanas* fue el primer libro importante del _____ latinoamericano.

4. En el Museo de Artes Visuales e Instrumentos Musicales se ven pinturas e instrumentos _____.

3 Dos escritores Contesta las siguientes preguntas.

1. ¿A qué se refiere la frase «el arte por el arte»? ¿Qué movimiento literario se caracteriza por su énfasis en la forma artística?

_____

2. ¿Qué característica se nota en la obra de Aquileo J. Echeverría?

_____

4 Los dichos «Quien mal canta, bien le suena» es un dicho español. ¿Es positivo o negativo? ¿Por qué lo crees así?

_____

_____

Original content Copyright © Holt McDougal. All rights reserved. Additions and changes to the original content are the responsibility of the instructor.

Actividades de video

UNIDAD **5**

¡Pobre Carlos!

Mientras ves el video

Patrocinadores de las Bellas Artes Mientras ves el video, identifica los varios géneros artísticos que les gustan a los protagonistas del video.

A Carlos le gusta(n): _____

A doña Nora le gusta(n): _____

A Isabel le gusta(n): _____

Después de ver el video

¿Qué me dices? Según las conversaciones del video, empareja la actividad artística con el personaje que la hace.

_____ 1. lo que quiere ver doña Nora

_____ 2. una pintura que doña Nora les regala a Carlos e Isabel

_____ 3. lo que quiere ver Isabel

_____ 4. una pintura que doña Nora piensa regalarle a la hermana de Isabel

_____ 5. un regalo de doña Nora a Carlos

a. *Primavera*
b. libro de poemas
c. *Un día de otoño*
d. programa de pintura y escultura
e. galerías de arte

¿Qué opinas tú? Carlos e Isabel le dicen unas mentirillas a doña Nora. ¿Qué le dicen ellos? ¿Cómo se expresan? ¿Está bien decir mentirillas? Explica tu respuesta y da ejemplos del video para apoyar tu opinión.

_____

_____

_____

_____

_____

_____

_____

_____

Original content Copyright © Holt McDougal. All rights reserved. Additions and changes to the original content are the responsibility of the instructor.

Vocabulario

¡Avanza! **Goal:** Talk about TV equipment, programming and advertising.

1 Completa las oraciones con las palabras apropiadas del recuadro.

estudio	control remoto	comerciales
encender	entretenimiento	grabar

1. Si quieres ver televisión, tienes que _____ el televisor.

2. Algunos programas, como los noticieros, nos dan información. Otros son para nuestro _____.

3. Con una grabadora de DVD, puedes _____ cualquier programa para verlo más tarde.

4. Si quieres cambiar de canal sin levantarte del sofá, puedes usar el _____.

5. Muchas telenovelas se filman en un _____.

6. Los _____ sirven para que los canales televisivos ganen dinero.

2 Emparcja las definiciones con las palabras apropiadas.

a. la farándula
b. la actuación
c. programas infantiles
d. la tecla de pausa
e. el recibidor

_____ 1. aparato eléctrico que permite la transmisión de una señal digital

_____ 2. lo que ven los niños en la televisión

_____ 3. lo que usas para detener un DVD por un momento

_____ 4. los actores, directores y otra gente que hacen programas televisivos y películas

_____ 5. lo que pasa cuando alguien desempeña un rol en una película, un programa de televisión o una obra de teatro

3 Contesta las siguientes preguntas con oraciones completas.

1. En tu opinión, ¿qué programas son más interesantes? ¿Cuáles son aburridos?

_____

_____

2. ¿Es importante tener un televisor de alta definición? ¿Por qué sí o por qué no?

_____

_____

Original content Copyright © Holt McDougal. All rights reserved. Additions and changes to the original content are the responsibility of the instructor.

Gramática

El imperfecto del subjuntivo en cláusulas adverbiales

> **¡Avanza!** **Goal:** Review and expand on the uses of the imperfect subjunctive.

1 Escoge la forma correcta del verbo entre paréntesis para completar las oraciones.

1. Juan me dijo que nos llamaría después de que nosotros (vimos / viéramos) el programa de chismes.

2. Sonia tomó clases de baile a fin de que ella y su hermana (compitieron / compitieran) en un programa de talento.

3. Los estudios pagaron más para que los actores (actuaron / actuaran) al aire libre en vez de en un estudio.

4. Anoche mis padres nos prohibieron que nosotros viéramos televisión hasta que mi hermano (hizo / hiciera) toda la tarea.

5. El director no quería que sus actores dejaran de trabajar a menos que (tenían / tuvieran) una enfermedad grave.

6. Fue imposible ver el programa deportivo sin que la compañía (instaló / instalara) una señal digital.

7. Mis padres prometieron comprar el paquete juvenil con tal de que no (costaba / costara) extra.

8. El hijo mayor de los vecinos siempre se robaba nuestra señal digital sin que sus padres (se enteraron / se enteraran).

2 Completa las oraciones con la forma correcta del verbo apropiado del recuadro.

encender	terminar	apagar	grabar	interrumpir

1. Cuando era niño, mi familia y yo nos sentábamos en la sala frente al televisor después de que mis padres lo _____.

2. Siempre ponía el grabador de DVD mientras veía mis programas favoritos en caso de que alguien me _____.

3. Le prometí a mi madre que haría las compras con tal de que ella me _____ mi telenovela favorita.

4. También le dije que lavaría los platos tan pronto como _____ el programa de vida animal.

5. Íbamos a llamar a los abuelos a fin de que _____ el televisor antes de acostarse, pero se nos olvidó por completo.

Original content Copyright © Holt McDougal. All rights reserved. Additions and changes to the original content are the responsibility of the instructor.

3 Completa las oraciones con la forma correcta del verbo entre paréntesis.

Cuando yo era niña mis padres sólo me permitían ver los programas infantiles, a

fin de que yo no (1) _____ (ver) programas violentos ni con

temas inapropiados. Mis programas preferidos eran los infantiles y los veía cada

día después de que mi hermano y yo (2) _____ (llegar) a

casa de la primaria. Al principio me permitían verlos sin límites, pero después de

unos años me dijeron que los podría ver con tal de que antes

(3) _____ (hacer) la tarea y los quehaceres. El problema fue

que al esperar hasta que (4) _____ (haber) hecho los

deberes, los programas ya se habían terminado sin que yo los

(5) _____ (ver). Entonces convinimos que podría verlos

antes, pero tan pronto como ellos (6) _____ (terminar), yo

tenía que hacer otras cosas.

4 Forma oraciones lógicas usando conjunciones y el imperfecto del subjuntivo
cuando sea necesario.

modelo   Mis padres / querer / mi hermano mayor / programas de vida
animal / conmigo /nosotros / aprender más / mundo natural

**Mis padres querían que mi hermano mayor viera los
programas de vida animal conmigo para que nosotros
aprendiéramos más del mundo natural.**

1. El director / ofrecerle mucho dinero / actor / actuar / serie

_____

2. Mi padre / ver deportes / mi madre / pedirle que arreglar / el carro

_____

3. Mis tíos / nunca / encender el televisor / los otros parientes / visitarlos

_____

4. Mi madre / siempre leer instrucciones / tener que manejar / aparatos eléctricos

_____

5. Yo / nunca apagar el televisor / mis padres /decirme / acostarme

_____

6. El panel / criticar al actor / admitir / no saber actuar

_____

Original content Copyright © Holt McDougal. All rights reserved. Additions and changes to the original content are the responsibility of the instructor.

Gramática

Más usos del imperfecto del subjuntivo

> ¡Avanza! **Goal:** Review the uses of the subjunctive in hypothetical situations.

1 Completa las oraciones con la opción apropiada.

_____ 1. _____ a ver la escena si _____ dónde está el control remoto.

    a. Volveríamos, supiéramos   b. Volviéramos, sabríamos

_____ 2. Si la gente no _____ los productos, no _____ programas de venta.

    a. compraría, hubiera   b. comprara, habría

_____ 3. Los participantes del reality actuaban como si sus problemas _____ importantes.

    a. eran   b. fueran   c. serían

_____ 4. No critiques. ¡Ni que _____ el talento para ganar el concurso!

    a. tenías   b. tendrías   c. tuvieras

2 Escribe oraciones completas usando los fragmentos y haciendo los cambios necesarios.

    modelo   a mí / encantar / cadena / haber más programas

         A mí me encantaría esta cadena si hubiera más programas de talento.

1. ellos / ver miniserie / tener tiempo / la noche

_____

2. programas de chismes / hacer sus reportajes / como si / ser de suma importancia

_____

3. nosotros / comprar / paquete internacional / incluir / programas deportivos internacionales

_____

4. Maribel / no permitir / interrupciones / durante la telenovela / a menos que / su novio llamarla

_____

5. mi padre / saber cocinar / como si / un cocinero profesional / enseñarle

_____

Original content Copyright © Holt McDougal. All rights reserved. Additions and changes to the original content are the responsibility of the instructor.

3 Contesta las preguntas según las pistas. Usa el imperfecto del subjuntivo o el condicional, las conjunciones y el vocabulario de la lección.

1. Si te invitaran a participar en un reality ¿lo harías? (para que)

_____

2. Si tuvieras suficiente dinero, ¿comprarías un televisor de alta definición? (Sí, porque es como si...)

_____

3. Si fueras actor (actriz), ¿actuarías en una telenovela? (con tal de que)

_____

4. Si vendieras un producto, ¿tratarías de venderlo en un programa de ventas? (a menos que)

_____

5. Si fueras reportero(a), ¿trabajarías para un programa de chismes? (a fin de que)

_____

4 Contesta las preguntas. Usa el imperfecto del subjuntivo cuando sea necesario.

1. Si fueras director(a) de televisión, ¿qué tipo de programa dirigirías?

_____

_____

2. Si tuvieras que hacer comerciales, ¿qué productos representarías?

_____

_____

3. Si no tuvieras un televisor en casa, ¿qué harías en tus ratos libres?

_____

_____

4. Si prepararas un plato que aprendiste a hacer en un programa de cocina, ¿invitarías a tus amigos a probarlo?

_____

_____

5. Si te invitaran a participar en un panel, ¿lo harías?

_____

_____

Original content Copyright © Holt McDougal. All rights reserved. Additions and changes to the original content are the responsibility of the instructor.

Integración: Hablar

En el Canal 8 dan varios programas que te gustaría ver, pero el servicio de cable que tiene tu familia no incluye ese canal. Lee la lista de algunos de los programas que ofrece el Canal 8. Después, escucha el anuncio sobre otros de sus programas. Luego habla con tus padres sobre por qué quieres que tu familia se subscriba a este canal.

Fuente 1 Leer

Lee sobre la programación que ofrece el Canal 8.

> **Canal 8, siempre el líder en programación para todos los gustos, anuncia su programación de verano.**
>
> **Sol y sombra: Telenovela**. No se pierda esta historia, llena de intensas emociones, amores secretos, y enemistades ocultas. Trata de dos hermanos, Óscar y Fernando, peleados casi hasta la muerte, que descubren que tienen una sola cosa en común: a la hermosa y trágica Soledad, que resulta ser la esposa secreta de los dos.
>
> **A mi manera: Programa de cocina**. Maripepa Ballester, la conocida chef de cocina, comparte sus propias recetas familiares. Aprenda a preparar platos como los que sirve Maripepa en sus tres famosos restaurantes.
>
> **Lo máximo: Deportes**. Un programa dedicado a todo deporte extremo. Viaje con nosotros a los rincones más inhóspitos y peligrosos del globo y vea a los deportistas más atrevidos, dispuestos a arriesgar la vida en la tierra y en el mar.
>
> **Secretos del pasado: Documental**. En cada episodio, el arqueólogo y explorador Jaime Duarte lo lleva en un viaje increíble al pasado. Tumbas, pirámides, momias, cuevas, ruinas, ciudades perdidas y tesoros enterrados... todos los misterios del pasado, de todas partes del mundo, se investigan en este fascinante programa.

Fuente 2 Escuchar WB CD 2 Track 17

Escucha el anuncio sobre cuatro programas más del Canal 8. Toma apuntes.

_____

_____

_____

Hablar

Ahora habla con tus padres. Explícales por qué deben suscribirse ustedes al Canal 8 en su paquete de cable. Menciona los programas que les interesarían a varios miembros de la familia

modelo Si tuviéramos el Canal 8, papá podría ver... Sería genial si pudiéramos...

Original content Copyright © Holt McDougal. All rights reserved. Additions and changes to the original content are the responsibility of the instructor.

Integración: Escribir

Estás participando en una encuesta sobre programas de televisión. Primero, lee la descripción de un nuevo programa. Después, escucha la entrevista sobre otro programa. Luego compara los dos programas e indica cuál de los dos sería el mejor.

Fuente 1 Leer

Lee la descripción de un nuevo programa de televisión.

En contacto: Mundo natural

Teletodo anuncia el estreno de un nuevo reality: *En contacto: Mundo natural*. En este programa participa gente famosa: actores, músicos, deportistas, escritores, políticos, etc. La idea es muy sencilla: se lleva a los participantes a un lugar remoto e inhóspito donde son abandonados por dos meses, sin comida ni alojamiento. Allí, los participantes tienen que enfrentarse a obstáculos, aprender a convivir y compartir sus conocimientos para sobrevivir a las condiciones adversas. El programa es una combinación de reality y documental. Es más: los participantes también dependerán de la ayuda del público televidente para sobrevivir. Cada semana, el público se enterará de antemano del próximo reto que enfrentarán los participantes. La solución a cada reto siempre requerirá conocimientos especializados, y cualquier miembro del público que tenga solución que ofrecerles a los participantes podrá comunicarse con ellos. Si la solución que propone es acertada, entonces él o ella ganará un premio. ¡No te pierdas este nuevo programa que entretiene y educa a la vez!

Fuente 2 Escuchar WB CD 2 Track 18

Escucha la entrevista sobre otro programa de televisión. Toma apuntes

_____

_____

Escribir

Compara los dos programas. Explica cuál de los dos sería el mejor y por qué crees que tendría éxito.

modelo   Creo que sería mejor ...

_____

_____

_____

_____

_____

_____

Original content Copyright © Holt McDougal. All rights reserved. Additions and changes to the original content are the responsibility of the instructor.

Escuchar

WB CD 2 Tracks 19, 20

> **¡Avanza!** **Goal:** Listen to people talk about television programs.

1 Escucha el anuncio sobre un programa de televisión. Luego completa las siguientes oraciones con la opción correcta.

_____ 1. El nuevo programa *Casa del Sol* es un _____.

   a. dibujo animado   b. programa infantil   c. concurso de baile

_____ 2. Elsi y Martín son _____.

   a. hermanos   b. mascotas   c. presentadores

_____ 3. El programa quiere _____.

   a. enseñarles a las personas a cuidar a las mascotas

   b. entretener y enseñar a los niños

   c. enseñar música y baile

_____ 4. Las tres partes del programa son, en orden _____.

   a. lecciones, dibujos animados e historietas

   b. música, dibujo y baile

   c. dibujos animados, historietas y música

_____ 5. El programa es_____.

   a. por la noche   b. diario, por la mañana   c. el sábado a las ocho

2 Teresa y David no saben qué programa ver. Escucha su conversación y luego contesta las preguntas.

1. ¿Por qué no quiere Teresa ver el partido de fútbol?

_____

_____

2. ¿Qué tipo de programa es *Estudiantes al borde* y por qué quiere verlo Teresa?

_____

_____

3. ¿Qué programa prefiere ver David y por qué?

_____

_____

4. ¿Teresa y David ven televisión al final? ¿Por qué sí o por qué no?

_____

_____

Original content Copyright © Holt McDougal. All rights reserved. Additions and changes to the original content are the responsibility of the instructor.

Leer

¡Avanza! **Goal:** Read about a Latin American television and film actor.

Lee este artículo sobre el actor Juan Luis Villano.

Sigue en acenso la carrera de Juan Luis Villano

El actor Juan Luis Villano llegó a Nueva York ayer para asistir al estreno de su nueva película, la comedia romántica *Séptimo*. Miniseries, telenovelas, películas, anuncios y hasta la voz del pícaro lorito en el programa infantil *Selvaventura* dan muestra del gran talento de este simpático actor. Inició su carrera al integrarse al elenco de la telenovela *Amor y patria*. Se hizo famoso dos años después con la miniserie *Corazón de fuego*, en la que su interpretación del joven médico, enamorado de una mujer madura, causó gran sensación. Su entrada en el mundo del film ocurrió en el 2000 en la película *Buscando a nadie*, en la que hace el papel de un universitario involucrado contra su voluntad con un grupo de espías internacionales. Este año, Villano ha vuelto a la televisión, donde hará el papel del detective protagonista en *Al fondo*, un nuevo drama policíaco televisivo que se estrenará a finales del próximo mes. Le preguntamos a Villano cómo explica los diferentes papeles que ha tenido en su carrera. Dice el actor: «Uno de mis principios es no descartar ningún papel antes de pensarlo bien. Si la historia es buena y el personaje es interesante, para mí es suficiente. Para mí no existen personajes pequeños. Si el proyecto me entusiasma, si me dice algo, no me importa.»

¿Comprendiste?

Contesta las preguntas sobre el artículo con oraciones completas.

1. ¿En qué programas de televisión ha actuado Juan Luis Villano?

_____

2. ¿Cúales son las dos películas que ha hecho Villano y qué tipo de películas son?

_____

3. ¿Cuándo y por qué ha vuelto Villano a la televisión?

_____

4. ¿Cómo decide Villano aceptar o no un papel?

_____

¿Qué piensas?

¿Crees que Villano tiene razón al aceptar los papeles que le interesen, por más pequeños que sean? ¿Por qué?

_____

_____

_____

Original content Copyright © Holt McDougal. All rights reserved. Additions and changes to the original content are the responsibility of the instructor.

Escribir

¡Avanza! **Goal:** Write about your favorite television programs.

Step 1

Tus padres te han dado un límite de una hora de televisión por día. Tienes que decidir qué programas vas a ver y cuándo. Para ayudarte a decidir, haz una lista de tus programas favoritos y explica por qué te gusta cada uno.

Programa	Por qué te gusta
1.	1.
2.	2.
3.	3.
4.	4.
5.	5.

Step 2

Escribe un párrafo de por lo menos seis oraciones sobre qué programas decidiste ver o no ver y por qué.

_____

_____

_____

_____

_____

_____

_____

_____

_____

Step 3

Evaluate your writing using the information in the table.

Writing Criteria	Excellent	Good	Needs Work
Content	Your paragraph includes many details and relevant vocabulary.	Your paragraph includes some details and relevant vocabulary.	Your paragraph includes few details and relevant vocabulary.
Communication	Your paragraph is organized and easy to follow.	Much of your paragraph is organized and easy to follow.	Your paragraph is disorganized and hard to follow.
Accuracy	Your paragraph has few mistakes in grammar and vocabulary.	Your paragraph has some mistakes in grammar and vocabulary.	Your paragraph has many mistakes in grammar and vocabulary.

Original content Copyright © Holt McDougal. All rights reserved. Additions and changes to the original content are the responsibility of the instructor.

Vocabulario

¡Avanza! **Goal:** Discuss news coverage in the media and talk about current events.

1 Completa las oraciones con las palabras apropiadas del recuadro.

homenaje	opinar	terremoto
zona de guerra	manifestación	gobernador

1. ¿Has visto una _____? La gente marcha y protesta.

2. Hacer la cobertura en una _____ sería peligroso.

3. En la clase de ciencias sociales vamos a hacer un viaje a la capital y conocer al _____ en persona.

4. Para presentar un informe objetivo, es necesario dejar _____ a todas las personas.

5. Hay más probabilidad de _____ en los países que rodean el Océano Pacífico que en los países europeos.

6. Esta noche los actores y cantantes de la farándula van a hacerle un _____ a Paco Valdez.

2 Empareja las definiciones con las palabras apropiadas.

_____ 1. desastre causado por el fuego

_____ 2. presentación formal

_____ 3. acontecimiento que acaba de ocurrir

_____ 4. vehículo que hace posible la cobertura de un suceso en la calle

_____ 5. lo que la gente no quiere compartir con los demás

a. discurso
b. incendio
c. su vida privada
d. móvil
e. noticia de último momento

3 Contesta las siguientes preguntas con oraciones completas.

1. En tu opinión, ¿qué es lo más interesante de trabajar para los medios de difusión? ¿Lo más peligroso?

_____

_____

2. ¿Preferirías ser presentador(a), reportero(a) o meteorólogo(a)? ¿Por qué?

_____

_____

Original content Copyright © Holt McDougal. All rights reserved. Additions and changes to the original content are the responsibility of the instructor.

Gramática

El pluscuamperfecto del subjuntivo

¡Avanza! **Goal:** Review the forms and uses of the past perfect subjunctive.

---

1 Escoge la forma correcta del verbo entre paréntesis para completar las oraciones.

1. Nos preocupó mucho que el noticiero de anoche (había relatado / hubiera relatado) los acontecimientos de manera muy parcial.

2. El reportaje sobre el plan económico habría sido mejor si (habían presentado / hubieran presentado) los dos puntos de vista opuestos.

3. El reportero habló con el político que le (había propuesto / hubiera propuesto) el plan al congreso.

4. Dieron el reportaje antes de que el reportero (había hablado / hubiera hablado) con alguien del otro partido.

5. El presentador afirmó que no hubo nadie que (había protestado / hubiera protestado) en contra del plan económico.

6. Nos sorprendió que el reportero no le (había pedido / hubiera pedido) su opinión al senador Acevedo, que lo había criticado varias veces.

7. Era evidente que ellos sabían que el senador lo (había comentado / hubiera comentado) anteriormente.

8. Habría sido una entrevista menos parcial si le (habían dado / hubieran dado) al senador la oportunidad de opinar sobre el tema.

2 Completa las oraciones con la forma correcta del pluscuamperfecto del verbo apropiado del recuadro.

haber	nevar	comunicarse	sufrir	ocurrir

1. En el reporte meteorológico dijeron que _____ mucho en las montañas.

2. Temían que un pueblo remoto _____ una avalancha.

3. Un miembro del equipo de rescate dijo que todo parecía como si nunca _____ un pueblo allí.

4. Les preocupaba mucho que nadie del pueblo _____ con ellos.

5. Dijo que era probable que en el pueblo _____ cortes de luz, gas y señales digitales y por eso sería difícil sobrevivir el frío.

Original content Copyright © Holt McDougal. All rights reserved. Additions and changes to the original content are the responsibility of the instructor.

3 Completa las oraciones con la forma correcta del verbo entre paréntesis. Usa el pluscuamperfecto del indicativo o del subjuntivo según el caso.

Cuando era joven nos mudamos a Perú. Les sorprendió a mis padres que los vecinos (1) _____ (sufrir) terremotos antes. No sabíamos que los científicos ya (2) _____ (enterarse) de que casi toda la zona del Océano Pacífico era una zona sísmica y de que la mayoría de los terremotos que (3) _____ (ocurrir) en el mundo tuvieron sus epicentros en esa zona. ¡Pobrecita de mi mamá! Era una mujer bien nerviosa y nunca (4) _____ (vivir) en un lugar donde ocurrían desastres naturales. No le gustaba para nada que algunos de los habitantes (5) _____ (lastimarse) seriamente a causa de terremotos anteriores. No quiso creer que la vecina de al lado (6) _____ (perder) a dos tíos y a varios primos en el terremoto de 1992. Hasta aquel momento no (7) _____ (conocer) a nadie que (8) _____ (morirse) en un terremoto. Pero, por suerte, no sufrimos ninguno durante la época que vivimos allí.

4 Forma oraciones lógicas usando conjunciones y el pluscuamperfecto del subjuntivo cuando sea necesario.

modelo   no haber / ninguna parte / ciudad / incendio / no afectar

No había ninguna parte de la ciudad que el incendio no hubiera afectado.

1. alcalde / dar una conferencia de prensa / si / saber / la gente / protestar

_____

2. ser sorprendente / nadie / enterarse / escándalo

_____

3. nosotros / no creer / tormenta / causar / tantos daños / poco tiempo

_____

4. ser probable / otras comunidades / sufrir / inundaciones

_____

5. el actor / ir a la entrega de premios / si / decirle / haber / homenaje en honor

_____

Original content Copyright © Holt McDougal. All rights reserved. Additions and changes to the original content are the responsibility of the instructor.

Gramática

UNIDAD **6** LECCIÓN **2**

La secuencia de tiempos verbales

¡Avanza! **Goal:** Review the sequence of tenses and mood in subordinate clauses.

1 Completa las oraciones con la opción apropiada.

_____ 1. Empecé a escuchar con más atención después de que la presentadora _____ el primer titular.

     a. leyera   b. leía   c. había leído

_____ 2. Explicó que la huelga _____ la economía local de manera grave.

     a. afectaría   b. hubiera afectado   c. haya afectado

_____ 3. A los turistas les molestaba que _____ manifestaciones.

     a. hubiera   b. había   c. habría

_____ 4. No hay nadie que _____ a favor de la reducción de sueldos.

     a. haya votado   b. había votado   c. ha votado

_____ 5. La alcaldesa hablaba como si el gobierno regional _____ por completo.

     a. haya fracasado   b. ha fracasado   c. hubiera fracasado

_____ 6. Los trabajadores han pedido que los ciudadanos los _____.

     a. apoyen   b. apoyan   c. apoyarán

2 Escribe oraciones completas usando los fragmentos y haciendo los cambios necesarios. Usa la secuencia de tiempos verbales.

    modelo   alcalde se enteró / tormenta / convertirse / huracán

          El alcalde se enteró de que la tormenta se había convertido en huracán.

1. reportera acaba de decir / huracán / acercarse / rápido

_____

2. gobernador insistió / gente / abandonar la ciudad / antes / llegar / tormenta

_____

3. abuelos no querían / dejar su casa / aunque / poder ser inundado

_____

4. ellos dijeron / vivir muchos años / no ser necesario / irse

_____

5. padre se preocupaba / huracán / ser fuerte / destruir / casa

_____

Original content Copyright © Holt McDougal. All rights reserved. Additions and changes to the original content are the responsibility of the instructor.

3 Completa las oraciones con la forma correcta del verbo entre paréntesis. Usa la secuencia de tiempos verbales.

Alicia dijo que (1) _____ (ir) a buscar en Internet el reportaje sobre la tasa de desempleo que (2) _____ (salir) en el noticiero semanal. En él se comentó que los economistas (3) _____ (predecir) que las compañías (4) _____ (despedir) a muchos empleados para conservar los recursos que les quedan. Dijeron que la tasa de desempleo (5) _____ (aumentar) en los próximos meses y que era muy posible que el gobierno (6) _____ (insistir) en reformas financieras drásticas. De hecho, el gobernador del estado (7) _____ (tener) planeada una conferencia de prensa para la semana que viene, en la cual va a hablar de eso.

4 Contesta las preguntas.

1. ¿Crees que la cobertura que hacen los noticieros es parcial o imparcial? ¿Qué han dicho para hacerte pensar así?

   _____

   _____

2. ¿Viste una vez un reportaje que fuera tan parcial que no pudiste seguir viéndolo? ¿De qué se trataba?

   _____

   _____

3. ¿Has participado en una manifestación alguna vez? ¿Contra qué protestaba la gente?

   _____

   _____

4. Si fueras reportero(a) para una cadena televisiva, ¿sobre qué acontecimientos te gustaría hacer cobertura?

   _____

   _____

5. ¿Conoces a alguien que haya sufrido un desastre natural? ¿Qué le pasó?

   _____

   _____

Original content Copyright © Holt McDougal. All rights reserved. Additions and changes to the original content are the responsibility of the instructor.

Integración: Hablar

Mientras estabas de viaje en la Península de Yucatán en México, hubo un huracán. Primero lee el informe meteorológico sobre el huracán. Después escucha la entrevista sobre el huracán. Luego llama a tus padres para decirles qué ha pasado.

Fuente 1 Leer

Lee el informe meteorológico sobre el huracán Guillermo.

--18 de septiembre

El centro del huracán Guillermo, de categoría dos, tocó hoy tierra en el sureste de la península mexicana de Yucatán con vientos sostenidos de 160 kilómetros por hora, informaron los canales televisivos. Guillermo alcanzó la costa mexicana, cerca de la capital del estado de Quintana Roo, sin afectar de manera directa la zona turística de Cancún. Los pronósticos indican que el ojo de la tormenta tardará unas siete horas en cruzar la península y salir al Golfo de México. Mientras tanto, el Centro Nacional de Huracanes informó que Guillermo tocó tierra hoy alrededor de las 4:15 horas, a unos 65 kilómetros al noreste de Chetumal, la capital de Quintana Roo. Se pronostica cierto debilitamiento de la tormenta a medida que ésta cruce la Península de Yucatán. Sin embargo, se advierte que Guillermo es un huracán peligroso de categoría dos. Se espera que Guillermo mantenga fuerza de huracán en las próximas 24 horas. Toda la costa se encuentra en alerta máxima, incluido el norte con sus centros turísticos de Cancún y Cozumel.

Fuente 2 Escuchar WB CD 2 Track 21

Escucha la entrevista sobre el huracán Guillermo. Toma apuntes.

_____

_____

_____

Hablar

Llama a tus padres por teléfono para decirles qué ha pasado y asegurarles que te encuentras bien.

    modelo   Hola, mamá, soy yo. Tengo buenas noticias... No hubo... Dijeron que...

Original content Copyright © Holt McDougal. All rights reserved. Additions and changes to the original content are the responsibility of the instructor.

Integración: Escribir

Te toca hacer el boletín de noticias hoy en tu colegio. Primero, lee las noticias a continuación. Después escucha otras noticias en la radio. Luego escoge las tres noticias que tú consideres ser las más interesantes y prepara tu boletín.

Fuente 1 Leer

Lee las noticias.

Noticias del día

Internacionales: Dario Uvalde choca su Ferrari

El jugador de fútbol argentino Dario Uvalde chocó ayer cuando conducía su Ferrari. Por suerte, ninguna persona resultó herida. El choque se produjo mientras Uvalde atravesaba un túnel saliendo del aeropuerto de Buenos Aires. La policía está investigando el incidente más a fondo.

Nacionales: Los animales nos ayudan a curarnos

¿Sabías que nadar junto a un delfín puede ayudarte a mejorar tu salud? Según investigadores del Centro de Salud, la terapia con animales puede ayudar a que una persona se recupere de su enfermedad más pronto y que responda con más facilidad a los tratamientos médicos. Afirman los investigadores que cuando un paciente entra en contacto con un animal, esto permite que el cuerpo produzca adrenalina, que hace que responda mejor a los procedimientos que siguen.

Locales: Tormentas de nieve golpean nuestro estado

Las autoridades hicieron ayer advertencias de tormentas de nieve a través del estado. Hay posibilidades de un pie o más de nieve acumulada, con la mayor parte de la acumulación entre la medianoche y las seis de la madrugada. En tal situación, es muy posible que las autoridades decidan cerrar autopistas, escuelas y oficinas gubernamentales.

Fuente 2 Escuchar WB CD 2 Track 22

Escucha el noticiero en la radio de esta mañana. Toma apuntes.

_____

_____

Escribir

Escribe tu boletín noticiero para leérselo esta mañana a tus compañeros en el colegio. Escoge los tres acontecimientos que consideres los más importantes y resúmelos.

modelo   Buenos días. Vamos primero a las noticias internacionales. Ayer...

_____

_____

_____

_____

_____

_____

Original content Copyright © Holt McDougal. All rights reserved. Additions and changes to the original content are the responsibility of the instructor.

Escuchar

WB CD 2 Tracks 23, 24

> ¡Avanza! **Goal:** Listen to people talk about news and current events.

1 Escucha el informe y completa las oraciones.

_____ 1. Este informe trata de _____.

     a. un desastre natural   b. una manifestación   c. una tormenta

_____ 2. Los testigos dijeron que muchas personas _____.

     a. marcharon   b. salieron corriendo   c. protestaron

_____ 3. Al alcalde de la capital no le extrañaría que _____.

     a. muchas personas tuvieran miedo

     b. muchas personas hayan salido de sus casas

     c. haya habido incendios

_____ 4. Según algunos oficiales no es buena idea _____.

     a. salir de la casa   b. andar en un móvil   c. usar el teléfono

_____ 5. El presentador dijo que _____.

     a. la cobertura continuaría

     b. mantendría la calma

     c. se prepararía para más terremotos

2 Escucha la entrevista con la gobernadora. Luego completa las oraciones según lo que escuches usando los elementos dados. Presta atención a la secuencia de tiempos verbales y al uso del subjuntivo.

1. La gobernadora (no) sabe que... (los votantes / protestar)

_____

2. El ejército (no) estaría en la frontera si... (el enemigo / dejar de atacar)

_____

3. En la frontera (no) había (una/ninguna) defensa que... (proteger a los ciudadanos)

_____

4. La gobernadora (no) buscó una solución (más diplomática)

_____

5. La gobernadora dijo que... (el ejército / quedarse / hasta que / el enemigo / terminar sus ataques)

_____

Original content Copyright © Holt McDougal. All rights reserved. Additions and changes to the original content are the responsibility of the instructor.

Leer

> **¡Avanza!** **Goal:** Read about news and current events.

Lee este artículo.

Tormentas e inundaciones en la costa

Mientras que la sequía sigue aquí en el centro del país, lo que se cuenta de las zonas costaneras es otra cosa. Por el quinto día consecutivo han caído chubascos, que han resultado en inundaciones y hasta diluvios en ciertas zonas. Los meteorólogos explicaron que el problema se debía a los efectos del fenómeno conocido como El Niño, que se debe a la aparición de aguas más cálidas de lo normal en las corrientes del océano Pacífico. Además de las inundaciones, las lluvias han causado derrumbes y avalanchas en las zonas costaneras. El presidente ha prometido enviarles a los ciudadanos de esa región todo lo que necesiten para mejorar la situación. Los alcaldes de las áreas afectadas por su parte no son muy optimistas, pues están acostumbrados a ser olvidados por los federales. Carlos Aguirre, alcalde de Nuevo Mariscal comentó —Si se preocuparan por nuestro bienestar como dicen, esa ayuda que nos han prometido nos habría llegado hace tres días.— En una entrevista reciente, el presidente afirmó que sí había prometido prestarles más atención a los pueblos de la costa antes de enterarse de las tormentas.

¿Comprendiste?

Lee el artículo y contesta las preguntas con oraciones completas.

1. ¿Qué problema tienen en la zona costanera?

   _____

2. Según el artículo, ¿qué es El Niño?

   _____

3. ¿Qué dijo el presidente que haría para la zona costanera?

   _____

4. ¿Qué opina el gobierno local en la costa de los federales y por qué?

   _____

¿Qué piensas?

1. ¿Crees que el gobierno federal tiene la obligación de ayudar a los ciudadanos en casos de emergencia? ¿Por qué sí o por qué no?

   _____

   _____

   _____

Original content Copyright © Holt McDougal. All rights reserved. Additions and changes to the original content are the responsibility of the instructor.

Escribir

¡Avanza! **Goal:** Write about news and current events.

Step 1

Las claves en cualquier emergencia son estar preparado y saber cómo reaccionar. Escoge una emergencia como un desastre natural u otro acontecimiento grave y escribe un párrafo sobre cómo prepararse para una emergencia y qué hacer después. Primero haz una lista de las cosas que necesitarás si no tienes luz, agua ni transportación, y de lo que se debe o nose debe hacer después.

Útiles	Cómo reaccionar
1.	1.
2.	2.
3.	3.
4.	4.

Step 2

Escribe un párrafo de por lo menos cinco oraciones sobre cómo prepararse y cómo reaccionar en una emergencia.

_____

_____

_____

_____

_____

_____

Step 3

Evaluate your writing using the information in the table.

Writing Criteria	Excellent	Good	Needs Work
Content	Your paragraph includes many details and relevant vocabulary.	Your paragraph includes some details and relevant vocabulary.	Your paragraph includes few details and relevant vocabulary.
Communication	Most of your paragraph is organized and easy to follow.	Parts of your paragraph are organized and easy to follow.	Your paragraph is disorganized and hard to follow.
Accuracy	Your paragraph has few mistakes in grammar and vocabulary.	Your paragraph has some mistakes in grammar and vocabulary.	Your paragraph has many mistakes in grammar and vocabulary.

Original content Copyright © Holt McDougal. All rights reserved. Additions and changes to the original content are the responsibility of the instructor.

Cultura

> **¡Avanza!** **Goal:** Review the cultural information contained in this unit.

1 **La política y la televisión** Indica si las siguientes oraciones son **ciertas** o **falsas.**

_____ 1. Los países más famosos por sus telenovelas son México, República Dominicana y Colombia.

_____ 2. El programa *Sábado gigante* presenta una mesa redonda de entrevistas políticas todos los sábados.

_____ 3. Ana María Montero es una locutora de CNN en Español.

_____ 4. En muchos países latinoamericanos, los estudiantes de secundaria y los universitarios tienden a ser activos en la política.

2 **La programación televisiva** Completa las siguientes oraciones.

1. _____ se transmite desde el año 1962 y presenta una variedad de artistas musicales, entrevistas, concursos y segmentos cómicos.

2. *La quiero a morir* es una telenovela producida por _____, una cadena colombiana.

3. _____ es un telediario de entrevistas y análisis de los acontecimientos del día producido por el Canal 2 Televicentro de Nicaragua.

4. Sheryl Rubio y _____ son famosos actores del programa venezolano *Somos tú y yo.*

3 **Dos escritores** Contesta las siguientes preguntas.

1. ¿Cuáles son dos obras escritas por Fernán Caballero? _____

2. ¿Cómo representan las fábulas y los cuentos como «La bolsa» los valores de una sociedad? _____

_____

3. Explica cómo «El poema XXIII» compara la vida con un viaje. _____

_____

4 **Los dichos** Menciona un dicho hispano que tiene que ver con las noticias y los rumores. Luego compáralo con un dicho en inglés que tiene un significado parecido.

_____

_____

_____

Original content Copyright © Holt McDougal. All rights reserved. Additions and changes to the original content are the responsibility of the instructor.

Actividades de video

UNIDAD **6**

Mirando la tele

Mientras ves el video

¿Qué señalan los gestos? Mientras ves el video, toma apuntes sobre los gestos que hacen los personajes y cómo se sienten.

Gestos: _____

Emociones: _____

Después de ver el video

¿En qué orden? Según las conversaciones del video, indica en qué orden pasaron los siguientes acontecimientos.

_____ Isabel preparó palomitas de maíz.

_____ Isabel y Carlos discutieron la cantidad de televisión que miraban.

_____ Isabel dijo que quería ver la conferencia del presidente.

_____ Isabel se quejó de que Carlos viera mucha televisión y de que no hubiera hecho los quehaceres que le había pedido que hiciera.

_____ Isabel y Carlos se pusieron a mirar dibujos animados.

_____ Isabel le propuso a Carlos que los dos dejaran de mirar televisión, excepto el telediario.

¿Qué opinas tú? Carlos e Isabel rechazan la idea de mirar sólo el telediario porque deciden que las noticias son muy deprimentes y que no representan una buena forma de entretenimiento. Por eso deciden ver dibujos animados. ¿Qué habrías hecho tú en su lugar? ¿Tú crees que los televidentes deben ver ciertas formas de programación informativa aunque no les guste? ¿Por qué sí o por qué no?

_____

_____

_____

_____

_____

_____

_____

_____

_____

_____

_____

Original content Copyright © Holt McDougal. All rights reserved. Additions and changes to the original content are the responsibility of the instructor.